逆全球化态势与中国
新全球化方案研究

舒　展　鱼震海◎著

长春出版社

国家一级出版社

全国百佳图书出版单位

图书在版编目（CIP）数据

逆全球化态势与中国新全球化方案研究 / 舒展，鱼
震海著. –– 长春 : 长春出版社, 2021.12
ISBN 978-7-5445-6561-5

Ⅰ.①逆… Ⅱ.①舒… ②鱼… Ⅲ.①经济全球化 –
研究 – 世界②中国经济 – 经济发展 Ⅳ.①F114.41②F124

中国版本图书馆CIP数据核字(2021)第248651号

逆全球化态势与中国新全球化方案研究

著　者	舒　展　鱼震海
责任编辑	程秀梅
封面设计	清　风

出版发行　**長春出版社**　　　总编室电话：0431-88563443
　　　　　　　　　　　　　　　发行部电话：0431-88561180

地　址	吉林省长春市长春大街309号
邮　编	130061
网　址	www.cccbs.net
制　版	吉林省清风科技有限公司
印　刷	三河市华东印刷有限公司
经　销	新华书店

开　本	710毫米 × 1000毫米　1/16
字　数	132千字
印　张	10.5
版　次	2021年12月第1版
印　次	2022年5月第1次印刷
定　价	49.00元

本著作由福州大学中国特色社会主义理论体系研究中心专项重点项目（18SKZ31）和福州大学马克思主义发展文库资助出版

前　言

　　自15世纪末的地理大发现和开辟美洲新大陆以来，西方国家基本上扮演了主导者的角色，而广大亚非拉国家则扮演参与者或抵制者的角色。2008年世界金融危机之后，仍然没有走出危机困局的西方发达国家开始采取与经济全球化趋势相悖的国内外经济战略，纷纷出台保护主义的措施，使全球经贸活动呈现逆全球化趋势。对此，有的学者认为，这是由于西方发达国家近年来在经济全球化过程中利益受损而转向的一种保护和调整措施，并且把它与之前发展中国家始终存在的反全球化运动相提并论。而本书认为，西方发达国家尤其是美国政府的逆全球化举措的实质，并不简单地是由于利益受损，而是预见优势将失情况下的反制，目的是继续维持其在经济全球化秩序中的格局红利。

一、当前西方发达国家的"逆全球化"不是"反全球化"

　　纵观世界经济发展的历史，"逆全球化"和"反全球化"一直伴随着经济全球化的进程。马克思主义的《共产党宣言》最早揭示了经济全球化是人类生产力发展的必然趋势，也是资本主义生产关系发展的必然结果，并且受资本扩张规律支配下的经济全球化趋势，必然带来利益受损方的抵制和反抗。然而，近年来西方发达国家的"逆全球化"趋势，不同于以往经济全球化进程中曾经出现的由于利益受损而转向的贸易保护主义，也不同于发展中国家由于处于经济全球化的不平等地位而采取的"反全球化"运动。

1. 逆全球化

逆全球化（Deglobalization），即与全球化进程背道而驰，重新赋权于地方和国家层面的思潮，[①]特指在经济全球化进展到一定阶段后所出现的不同程度和不同形式的市场再分割现象。[②]具体表现为原先奉行自由贸易的国家由于国际竞争力下降导致利益受损，而退回到市场有条件开放甚至封闭的贸易保护主义倾向，对商品、资本和劳动力等要素的国际流动设置各种制度性障碍。

追溯世界经济发展的历史，研究表明经济全球化虽然使所有参与国际分工的国家普遍受益，但给不同国家和不同要素所有者所带来的影响明显不同。据美国经济史学家Harold（2001）所阐述的，[③]在第一次逆全球化时期（20世纪初至50年代）：其一，"全球化1.0"时代给英国、法国、美国等处于经济核心地位的国家带来巨大利益，也使德国、日本等新兴经济体迅速崛起。资本主义国家间经济竞争力的改变，引发重新划分世界市场的冲突。其二，经济全球化推动了经济利益向资本所有者的集中，但西欧地主阶级和小工业者却因新大陆价廉物美的农产品的冲击而利益受损。随着顺应"民意"的竞选者上台，英美等原先的经济全球化倡导者和推动者，走向了以邻为壑的贸易战和货币战。1929年华尔街金融危机使美国经济危机波及欧洲；1931年英国宣布终结英镑金本位制度；1933年美国政府推行"复苏美国优先"的政策，放弃与英、法的双边汇率制，大幅贬低美元提

---

① 董琴．"逆全球化"及其新发展对国际经贸的影响与中国对策研究[J]．经济学家，2018（12）：91—98．

② 佟家栋，刘程．"逆全球化"的政治经济学分析[J]．经济学动态，2018（7）：19—26．

③ Harold, J. The End of Globalization: Lessons from the Great Depression [M]. Harvard University Press，2001.

升进口关税；随后各国竞相采取贸易保护主义政策，最终引发德国、日本等国家强制瓜分世界市场的战争行为，给世界经济和世界人民带来灾难性后果。

2. 反全球化

反全球化（Anti-globalization），即反对全球化过程中的不平等现象的思潮与运动。作为全球化的伴生物，反全球化运动的主要诉求是反对资本主义全球化进程所造成的严重的贫富分化以及政治、民族冲突。虽然其间有一部分反全球化者主张完全否定和排斥经济全球化，但是，"绝大多数反全球化者并非反对全球化本身，而是不满全球化所带来的诸多负面结果"。[①]戴维·赫尔德和安东尼·麦克格鲁直指反对全球化的根源在于全球化的资本逻辑："从定义上说，全球经济是资本主义的，因为它是在市场原则和为利润而生产的基础上组织起来的。"[②]

起初，反全球化思潮和运动主要散见于发展中国家。20世纪80年代以来，随着经济全球化达到鼎盛时期，以金融资本的全球扩张为目标的新自由主义制度主导下的经济全球化奉行双重标准，导致剥削、贫富差距等资本主义社会的弊端在全球蔓延，反全球化运动由发展中国家扩展到发达国家之间和发达国家内部。1999年11月30日，世界贸易组织部长会议在美国西雅图召开，期间有5万多人参与了反全球化示威游行，他们来自不同国家和地区的数百个非政府组织，被称为"西雅图风暴"，这是反全球化运动受到世界关注的一个标志性事件。

2008年国际金融危机以来，由于西方各国走出危机乏力，经济陷入长期停滞状态，国内长期财富分配不平等导致的社会矛盾不断积累，民粹

---

① 庞中英. 全球化、反全球化与中国[M]. 上海：上海人民出版社，2002：3.
② 赫尔德，麦克格鲁. 全球化与反全球化[M]. 陈志刚，译. 北京：社会科学文献出版社，2004：46.

主义思潮愈演愈烈，以反失业、反贫困为核心的反全球化抗议运动更加高涨。以2016年6月英国脱欧公投和11月的美国总统大选为标志，随着顺应"民意"的政治生态的崛起，反全球化的民意诉求，被采纳为国家政治层面的政策主张，一些资本主义国家在国际经贸领域，进一步扩展到政党、政府领域，实施了一系列逆全球化措施。世界进入第二次逆全球化时期。

因此，反全球化是民间对资本主义全球化导致的不平等现象的抗议，而逆全球化从表面上看，是国家政策层面顺应反全球化诉求的政策调整。

二、发达国家的逆全球化的动机是对旧有格局的维护

本次逆全球化趋势从表现形式来看，呈现出反全球化和逆全球化叠加的现象，①这种叠加使西方发达国家的逆全球化原因和动机变得扑朔迷离。

1. 现象叠加下的两条主线

第一，资本主义经济全球化主导下的全球价值链分工，促进全球经济增长、资本逐利以及发展中国家的劳动生产率提高的同时，也对发达国家中下阶层的收入造成了严重的冲击，加剧了西方国家内部不平等的现象。2008年国际金融危机以来西方国家经济复苏迟缓，企业效益急剧下降，失业问题严峻，加重了收入分配的贫富差距。人们把这一现象归因于经济全球化，使反全球化情绪高涨。

第二，自金融危机后的十年时间里西方发达国家经济陷入结构性低迷。相比之下，一些新兴工业化国家特别是中国，仍然保持了较好的经济和科技发展势头，特别是中国的"人类命运共同体"理念和"一带一路"倡议得到越来越多国家的认同。西方发达国家作为经济全球化的主导者以

---

① 栾文莲. 对当前西方国家反全球化和逆全球化的分析批判[J]. 马克思主义研究，2018（4）：89—97.

及全球化公共产品的主要提供者，其在全球化的收益分配格局中的优势存在失去的危险。以反全球化的姿态，采取退出全球化多边协作体制，以贸易保护主义的手段打压新兴国家的科技产业的做法，既迎合和安抚了国内民意，转嫁国内经济政治风险，又借以保证全球化过程中的秩序红利和主导权。

不可否认，西方发达国家在经济全球化进程中扮演了非常重要的角色，通过组建多边国际经济协调组织促进全球劳动生产率的提高和全球财富的增长，为经济全球化的生产要素国际流动提供国际规则和国际秩序等公共产品，它们成为经济全球化的最大受益者。美国彼特森国际经济研究所的一项研究显示，1950—2016年，经济全球化促进通信技术的改进、贸易自由化和运输条件的改善，美国由此三项贸易成本的降低，所获取的利益约2.1万亿美元；相应地，美国人均GDP与每个家庭的GDP因此分别增长了7014美元和18131美元。预计到2025年贸易自由化给美国带来的潜在收益将达到5400亿美元；相应地，人均GDP与每个家庭的GDP将分别增长1670美元和4400美元。[①]针对欧盟27国和其他13个发达国家的研究也得出了类似的结果。

因此，以美国为代表的西方国家是全球化的受益者，甚至是最大受益者，但它们为什么表现出强势的反全球化趋势并且声称自己是受害者。这就是第二条主线呈现的，新兴国家的经济和科技发展势头，已影响到西方国家长久以来在经济全球化中攫取的格局红利。仅以西方国家占据优势的技术转让和知识产权保护为例。美国商务部2016年4月份发布的《知识产权与美国经济：2016年更新报告》显示：依靠在全球价值链（简称GVC）分工体系中的版权、专利和商注等知识产权掌控，知识产权密集型行业创造的

---

① Hufbauer G. C., and Zhiyao Lu.The Payoff to America from Globalization: A Fresh Look with a Focus on Costs to Workers [R]. Policy Brief, Peterson Institute for International Economics, 2017.

GDP超过5万亿美元，约占美国GDP38.2%。[①]而中国的创新驱动发展战略和《中国制造2025》等国家规划对于技术创新和技术赶超战略所激发出的活力，正威胁到发达国家的利益格局。因此在中美贸易摩擦中，美方对于中国进口商品加征关税的领域，并不是中国更具比较优势的中低端制造业，而是新能源汽车、航空、新材料等国家计划予以扶持的高科技产业，比如美方在全球范围内阻挠他国在5G网络建设中使用华为技术设备。即使是传统货物贸易和投资领域，因为中国的"一带一路"倡议和"人类命运共同体"理念正为中国打开通向世界经济格局中心地带的大门，同样威胁到发达国家在经济全球化分工体系中的有利地位。

2. 资本主义主导的经济全球化模式对于分工两端国家的双重弊端

近年来，欧美国家政府纷纷倾向于逆全球化政策，它们认为，以美国为代表的发达国家成了全球化的受损者，而以中国为代表的发展中国家借助经济全球化成为最大受益者。事实是，发达资本主义国家主导的经济全球化模式，造成处在GVC分工体系顶端的发达国家的传统产业和制造业"空心化"，导致国内收入差距扩大，引发社会矛盾尖锐化；而处于GVC分工体系末端的发展中国家出现产能过剩、资源与环境恶化等现象。经济全球化对于国际分工两端国家的不同的消极影响，是同一个原因造成的，即GVC分工体系中对技术的垄断和分工层级之间流动性的人为阻断。

20世纪80年代以来，资本主义主导的经济全球化进入以GVC分工体系为典型的"全球化2.0"时代。GVC分工体系，使各国经济及其企业之间形成了"一荣俱荣、一损俱损"的国际经济传导机制。一旦供应链的任何一个环节受到外部冲击，都会通过放大效应作用于整条供应链引起风险扩散。在GVC分工体系中，按照生产要素最优配置的原则，西方发达国家处于

---

① 中华商标协会. 美国商务部发布2016美国知识产权密集型产业报告[R/OL].

产品和技术的研发、设计环节，掌握价值链顶端的关键核心技术，从中攫取最大利益。而其他国家则处于生产加工的底端。就发达国家内部而言，GVC分工体系带给不同产业、不同群体间的财富收益是不平衡的，金融与高技术产业是主要获益者，而传统产业的低技能劳动者则是受损者。根据麦肯锡的一项调查数据显示，2004—2015年，25个发达国家的65%—70%的低技能劳动者家庭的实际收入没有增加甚至下降。[①]但是，"通过对美国顶级公司的数据调查显示，CEO的收入与工人的收之比从1995年24∶1跃升为2010年的325∶1。2013年美国经济停滞，伴有超过5000万失业人口的状况下，华尔街的投资公司和经纪行的利润却增加了40%。"[②]

从GVC分工体系来看，虽然理论上所有参与国都能增加经济利益，但现实中发达国家的跨国公司占据价值链上端，占据价格倾斜优势，发展中国家的加工制造业，只能在低端产品取得规模效益，导致低端产能过剩、资源的过度消耗和自然环境的恶化。以中国企业为例，改革开放以来，中国企业主动嵌入西方国家主导的GVC体系，使作为生产国的中国经济GDP总量和劳动生产率都得到极大的提高，然而实质是："出口在中国，附加值在欧美；顺差在中国，利益在欧美。"

因此，这种GVC分工体系无论对于体系上端的发达国家，还是体系下端的发展中国家而言，都是不可持续的。发展中国家以产能过剩为表征的经济结构失衡和发达国家内部以产业工人失业率提高为表征的利益结构失衡，最终导致世界经济结构的失衡。要纠偏世界经济结构失衡，发展中国家要进行产业结构升级和科学技术提高。如果发达国家长期垄断现有分工格局以维持其格局红利，发展中国家的中低端制造业产品的竞争优势，会

---

① Mckinsey Global Institute. PoorerThan Their Parents? Flat or Falling Incomes in Advanced Economies[R]. Mckinsey&Company，2016.

② 舒展.《共产党宣言》中的经济全球化思想及其继承与发展[J]. 马克思主义研究，2019（5）：78—85.

使发达国家的"产业空心化"趋势愈加严重，发达国家内部资本与劳动的矛盾和全球经济结构失衡也将更加严重。

三、当前西方发达国家逆全球化的危害

1. 西方发达国家的逆全球化不能解决根本问题

导致西方发达国家在21世纪经济全球化竞争中逐渐失势，成为"现代化输家"的根源在于资本主义制度本身，因此逆全球化的行为不能解决发达国家的根本问题。

国内外学者对于当前西方国家的逆全球化趋势的原因分析很多，有的学者从利益分配视角考察认为，逆全球化是由全球化的利益分配不均引发"受益群体"与"受损群体"之间的矛盾冲突导致的。当然谁是"受益群体"，谁是"受损群体"，又有分歧。有的学者从权力格局视角出发认为，全球化进程导致西方产生一种新的全球化赢家与输家之间的对立，即在新一轮经济较量中，老牌资本主义国家逐步处于下风，成为"现代化输家"，这也就是逆全球化首先出现在欧美发达资本主义国家的缘故。

本书认为，经济全球化进程中的力量对比导致原先全球化主导国家为维持原有权力格局的策略调整是逆全球化产生的直接原因和动机，同时发达国家很好地利用了国内由于全球化导致利益分配受损群体的反全球化力量，这种策略手段，与历来资本主义国家转嫁国内经济危机的做法别无二致。逆全球化实质上是资本主义社会矛盾和阶级矛盾激化的产物，也是当前资本主义国家政府转移矛盾，应对"去工业化"的实体经济危机和资本主义自身发展的不平衡引发的各种社会矛盾的国际策略。

第一，现有的经济全球化规则是由处在价值链顶端的发达国家所制定的，反映的是技术领先者的利益诉求。发展中国家实际上被"锁定"在国

际分工的低水平链条上。近年来，中国的产业结构和国际竞争力有了很大的变化，虽然与发达国家相比仍有差距，但在价值链中的地位开始从低端向中高端迈进，对传统的全球价值链中的位次形成了挑战。综合现有的多家机构的预测，2030年中国GDP总量将超过美国成为世界第一。基于《中国制造2025》规划，在2025年中国将步入世界制造强国行列，2035年将达到世界制造强国的中等水平。"当前，资本主义大国由于危机深化所导致的长期停滞，在世界经济增长的占比下降，而新兴国家在世界经济增长中的占比上升，特别是中国对世界经济增长的贡献达到30%"。①因此发达国家要"关门避险"。2018年以来，中美贸易摩擦、"华为事件"都反映了西方国家逆全球化策略目的在于遏制中国在高科技领域的未来竞争力，扭转新兴国家因全球化获益增多、话语权增强的局面，从而维持其在全球化进程中的格局红利，而不是放弃全球市场转向"孤立主义"。

第二，发达国家内部收入差距扩大的原因不在全球化，而在于资本主义的逐利本性。Feenstra et al（2017）通过研究美国城市居民收入、中国商品进口冲击与美国房价上涨之间关联度发现：一旦控制了房价因素，则中国进口冲击的效果将会大幅度下降，甚至无显著影响。②诺贝尔经济学奖获得者、美国经济学家约瑟夫·施蒂格利茨发表文章称，特朗普政府的"美国优先"等一系列政策只给美国带来了前所未有的巨额赤字，2019年联邦赤字达到9000亿美元，而经济增速却持续下降。文章指出，导致美国经济低增长的原因在于高度不平等，市场势力日益集中，员工的议价能力和法律保护遭到削弱，从小商品到技术平台，少数几家大公司控制了75%—90%的市场。一些美国商界领袖在制造市场壁垒、防止在任何有意义的竞争方

---

① 栾文莲. 对当前西方国家反全球化和逆全球化的分析批判[J]. 马克思主义研究，2018（4）：89—97.

② Feenstra, R., H. Ma, and Y. Xu.The China Syndrome：Local Labor Market Effects of Import Competition in the United States：Comment[R]. UC Davis Working Paper，2017.

面展现出真正的独创性。[1]资本主义全球化目的在于资本要素利益在全球范围内的绝对优势的实现，为保证资本利益而塑造的全球价值链分工过程，使就业机会向发展中国家转移。发达国家将大量的制造业企业迁往海外，导致劳动力要素与资本要素在全球化中的收益极不对称。这种资本利益与劳动利益的矛盾，在客观上会加剧资本主义的固有矛盾，即生产资料的私有制与社会化大生产的矛盾，而资本主义由于自身的局限性，无法彻底克服这一矛盾，因此将国内危机借助全球化的国际市场进行转嫁，是其惯用伎俩。[2]

2. 逆全球化的危害

逆全球化的行为不仅违背生产力发展的历史趋势，而且也不利于双方问题的解决。

第一，西方国家的逆全球化策略，导致发达国家和发展中国家间跨境资本流动减缓，加上新技术革命及气候危机等因素的影响，使未来国际经济和全球治理面临很大的不确定性。在美国，特朗普政府奉行"美国优先"的逆全球化政策，虽然在一定程度上推动美国经济的增长态势，但对世界经济发展将会造成极大的负面影响，也不利于美国经济的平稳增长。国际货币基金组织（IMF）最新发布的《全球金融稳定报告》指出，"美国家庭消费负债若持续维持高位，会导致经济持续下行并更为深化"。一系列以邻为壑的贸易、气候、能源及货币政策等，使西方各国的经济面临着诸多风险。联合国贸易和发展组织最新发布的《全球投资趋势监测报告》显示，全球外国直接投资（FDI）在2018年上半年下降了41%，而发达国家更是下降70%。[3]

---

① 施蒂格利茨.不平等加剧暴露西方深层问题[J/OL]. 参考消息网，2019-03-25.http://column.cankaoxiaoxi.com/2019/0325/2375433.shtml.

② Feenstra, R., H. Ma, and Y. Xu.The China Syndrome: Local Labor Market Effects of Import Competition in the United States: Comment[R]. UC Davis Working Paper, 2017.

③ 李晓丹. 联合国贸发组织：2018年上半年全球FDI大幅下降41%，美国税改影响尚未完全体现[R/OL]. 经济观察网，2019-10-18. http://www.eeo.com.cn/2018/1018/338997.shtml.

第二，不顾国际贸易规则，凌驾于自身所缔造秩序之上，公然违反世界贸易组织多边贸易体制规定的单边主义的逆全球化政策，本质上是对当前国际秩序的破坏。在缺乏有效协商机制的前提下，妄图"以国内法取代国际法"，基于本国利益优先而非基于构建公平的国际贸易准则，可能会加速原有体系内公共基础设施的崩塌，给全球化进程蒙上了一层阴影。

第三，一些资本主义国家的逆全球化措施突破了经济领域，进一步扩展到政治、外交领域，试图扭转新兴国家在全球化进程中的获益状态，破坏新兴国家崛起所需的和平发展环境，以此改变自身发展颓势。2018年5月8日，特朗普宣布退出伊核协议，对与伊朗进行合作的银行、企业实行"连坐制裁"，直接导致全球石油价格起伏不定，中东局势恶化，带来难民潮和恐怖主义风险。民粹主义思潮愈演愈烈，可能挑起地区混乱甚至战争。[①]

逆全球化在给资本主义全球化以沉重一击的同时，也促使人们反思全球化、资本主义、社会制度的未来走向。

四、合作共赢的中国全球化新方案

当前西方资本主义国家的逆全球化趋势恰恰暴露了传统的经济全球化是西方资本主义国家维护其国际垄断资本利益的不合理的手段之所在。倡导合作共赢的新全球化秩序，推进全球治理体系改革，越来越成为世界各国的共同诉求。未来经济全球化的进程不会改变，但是全球化的形势会发生根本性的改变。中国高举经济全球化的大旗，以"人类命运共同体"理念重构GVC，用自己对全球化的理解，形成合作共赢的全球化新方案。

---

① 徐艳玲，张琪如. 新一轮"逆全球化"本质的多维反思[J]. 毛泽东邓小平理论研究，2018（12）：81—88，101.

1. **以合作共赢原则克服全球秩序的不平等性，中国方案由理念到行动，赢得普遍认同**

2013年3月，习近平总书记首次提出"命运共同体"倡议。在2016年G20杭州峰会上，习近平总书记明确提出以"人类命运共同体"理念重构全球治理的命题，以此引导经济全球化进程向着更加包容普惠的方向发展。近年来，中国的新全球化方案由倡议上升为共识，由理念转化为行动。国际社会对"人类命运共同体"思想的理解已经逐渐超越国别和议题范畴，进入"全球治理新方案"和"国际关系新准则"层面，逐渐意识到这一理念不仅是中国对外政策的指导思想，也为世界各国整体进步提供了解决方案。[①]

习近平总书记提出的"人类命运共同体"思想，其核心是世界各国互利共赢、和平发展的新型全球化秩序，表示中国奉行互利共赢的开放战略，愿为国际社会提供更多公共产品。其中，"一带一路"倡议就是旨在同沿线各国分享中国发展机遇，实现共同繁荣。[②]美国学者查尔斯·金德尔伯格表示，"中国为实现构建'人类命运共同体'的目标而付出的努力主要集中在'一带一路'上，'一带一路'所倡导的互联互通和实实在在的经济发展，正是化解沿线国家政治动荡和社会凋敝的一剂良药"。[③]

以合作共赢原则克服全球秩序的不平等性，拓展了发展中国家走向现代化的途径，实现遵循"人类命运共同体"思想的全球化，这是对资本主义全球化的辩证发展，是对马克思全球化思想的继承和发展。

2. **理性处理与大国关系，排解阻力共同发展**

大国关系事关全球经济政治局势稳定，大国都承担着特殊责任。当今世界正面临百年未有之大变局，大国之间管控分歧，拓展合作，为世界提

---

① 周宗敏. 人类命运共同体理念的形成、实践与时代价值[N]. 学习时报，2019-03-29（2）.

② 刘志彪. "一带一路"倡议下全球价值链重构与中国制造业创新[J]. 中国工业经济，2017（6）：35—41.

③ 周宗敏. 人类命运共同体理念的形成、实践与时代价值[N]. 学习时报，2019-03-29（2）.

供更多的稳定性和可预期性。习近平总书记关于中美关系论述中多次提到"责任"两字。中美两国都是联合国安理会常任理事国，两国经济总量约占全球40%。大国有责任共同承担起带领全球防范风险、创造机遇的历史使命，而不能只追求自身优先发展。2019年两会新闻发布会明确表达了中国对中美贸易摩擦的态度："应该看到中美两国利益已经深度交织，一个对抗的中美关系不符合任何一方的利益。用冷战思维处理全球化背景下的新问题肯定没有出路。中美经贸关系的本质是互利共赢的。"①这也是面对逆全球化趋势所表达的中国新全球化方案的态度。

2019年3月26日，习近平总书记在中法全球治理理论论坛上强调"坚持共商共建共享的全球治理观"，着力破解世界面临的治理、信任、和平、发展"四大赤字"，"把互尊互信挺在前头，把对话协商利用起来"。呼吁各国在全球治理中做行动派，不做观望者。这是中国推动新型全球化方案的最新努力，也是对大国责任担当的最新注解。

3. 深化国内供给侧改革，为重塑新型全球治理体系打造科技与产业基础

新一轮科技和产业革命正孕育兴起，国际分工体系加速演变，GVC深度重塑的机制和规则体系将会建立。麦肯锡全球研究所的最新报告《转型中的全球化：贸易和价值链的未来》详述了未来30年全球化的趋势：商品贸易日渐萎缩、服务贸易快速增加、劳动力成本重要性持续下降、区域贸易更加集中。②在2016年G20安塔利亚峰会上，各成员国倡导建设包容的GVC治理体系。

作为有担当、负责任的中国全球化新方案，一方面通过"一带一路"倡议主动构建全球经济增长结构均衡的新机制；另一方面就是构建基于内

① 新华网. 十三届全国人大二次会议举行新闻发布会. 2019-03-04.http://m.xinhuanet.com/2019-03/04/c_1124192123.htm.

② McKinsey Global Institute.Globalization in Transition:the Future of Trade and Value Chains. 2019-01.https://www.mckinsey.com/featured-insights/innovation-and-growth/.

需的经济全球化的新战略。①

2016年年底的中央经济工作会议指出，当前中国经济运行面临的突出矛盾和问题，是"重大结构性失衡"，必须从供给侧结构性改革上想办法，努力实现供求关系新的动态均衡。从国际经济关系视角看，纠偏"重大结构性失衡"的关键之一，就是要从扬弃"基于嵌入GVC的出口导向发展战略"入手，塑造激励产业转型升级的环境和氛围。一方面，压缩低端产能，把调整出来的市场资源、信贷资源、物质资源，通过市场机制源源不断地转移到战略性新兴产业和现代服务业；另一方面，通过技术创新和实施品牌战略，增加高质量有效供给，满足国内不断崛起的中产阶层的中高端需求，使中国制造从数量扩张全面转向质量提升。立足于国内经济与国际经济良性循环的视野和机制，塑造中国基于内需的全球化战略，重构GVC体系，既是均衡国内经济结构的要求，也是中国为世界经济结构失衡纠偏、克服逆全球化趋势所做的重大努力。

---

① 刘志彪. "一带一路"倡议下全球价值链重构与中国制造业创新[J]. 中国工业经济，2017（6）：35—41.

目　录

第一章 导 论

一、论题缘起

1. 世界经贸百年未有之大变局

（1）发达国家的逆全球化趋势及危害

国际金融经济危机爆发前，全球化经历了一个难得的黄金时代，大多数全球化的参与国都普遍享受到了经济增长和高新技术产品普及带来的红利，人类的生活方式因此而发生改变。2008年国际金融危机爆发后，由于世界经济总体持续低迷，特别是主要资本主义国家受金融危机打击，经济复苏乏力、陷入长期停滞状态，因而对现有经济全球化模式提出质疑，逆全球化现象有逐步抬头的态势。西方资本主义发达国家内部矛盾斗争更加激烈，民众的反抗运动持续深化，保护主义与民粹主义相互交织，对世界经济政治形势和全球治理格局产生了深远影响。同时，一些西方资本主义发达国家的逆全球化突破了经济领域，进一步扩展到政党和政府领域，实施了一系列逆全球化措施，民粹主义思潮也愈演愈烈。各种反全球化运动和逆全球化举措充斥西方社会，要求去全球化的抗议集中爆发。众多反全球化的组织和团体不断涌现，特别是近几年来全球"黑天鹅"事件频发：2016年英国脱欧、特朗普当选美国总统、法国右翼势力崛起；2017年美国宣布退出跨太平洋战略经济伙伴关系协议（TPP）、《巴黎协定》、联合国教科文组织、联合国《全球移民协议》；2018年美国又先后宣布退出《关于伊朗核问题的全面协议》（JCPOA）、联合国人权理事会、《维也纳外交关系公约》中涉及国际法院管辖问题的相关议定书和1987年与苏联达成的《苏联和美国消除两国中程和中短程导弹条约》并威胁退出世界贸易组织；2019年，美国退出联合国《武器贸易条约》；2020年，美国退出《开放天空条约》《巴黎协定》和世界卫生组织。与此同时，中美贸易摩擦以及由此引发的连锁反应还在持续升级，新冠肺炎疫情在美国的持续蔓延和全球大流行又加剧了诸多不确定不稳定因素。这些事件不仅令西方世界猝不及防、陷入集体焦虑迷惘，也使国际格局遭受冲击。西方发达国家主导的传统全球化模式已难以为继，世界正走在全球化与逆全球化博弈的"十字路口"，面临百年未有之大变局，世界经济由此进入新时期。

"这是最好的时代，也是最坏的时代"。对所有国家而言，经济全球化是一把双刃剑，利弊兼而有之。反全球化和逆全球化就如紧绷的皮筋适当放松一下，提醒着我们在推动经济全球化的同时，应关注和矫正某些方面的失衡和偏差。习近平总书记在世界经济论坛2017年年会开幕式演讲时提出，"经济全球化曾经被人们视为阿里巴巴的山洞，现在又被不少人看作潘多拉的盒子。经济全球化确实带来了新问题，但我们不能就此把经济全球化一棍子打死，而是要适应和引导好经济全球化，消解经济全球化的负面影响，让它更好惠及每个国家、每个民族"。①对于中国来说，逆全球化既是机遇也是挑战。中国要顺势而为，不断提升自身的能力，依托自身的比较优势，主动谋划，积极作为，推动合作共赢，只有这样才能化害为利、化危为机，为自身的发展和世界的进步做出自己的贡献。

当今世界全球化面临严峻挑战，逆全球化思潮抬头，全世界进入了充满不确定性和不稳定性的新常态，调整全球治理体系、推进全球化健康发展越来越成为世界各国的共同诉求。与此同时，中国的发展成就吸引了不少当

---

① 习近平. 共担时代责任 共促全球发展——在世界经济论坛 2017年年会开幕式上的主旨演讲 [N]. 人民日报, 2017–01–18（03）.

前处于世界经济发展新时期困境中的国家，特别是广大发展中国家。世界更加期待中国能够分享自身发展的经验，希望能汲取中国智慧，为本国发展提供借鉴。习近平总书记指出："人类历史告诉我们，有问题不可怕，可怕的是不敢直面问题，找不到解决问题的思路。面对经济全球化带来的机遇和挑战，正确的选择是，充分利用一切机遇，合作应对一切挑战，引导好经济全球化走向。"因此，我们需要适度打破现有的西方发达国家主导的全球化格局，努力推进均衡普惠共赢的全球化，而不是只有少数西方国家受益的全球化。共建"一带一路"倡议是新时代的"新丝路"，更是中国提出的全球化"新思路"。它充分体现了全球治理新思路，是"人类命运共同体"理念的具体实践。既有坚实的理论基础，又有中国自身发展的实践证明；既连通着历史与当下，也连通着中华民族伟大复兴的中国梦与世界梦。

（2）合作共赢的中国新全球化方案的提出

改革开放40多年来中国取得的引人注目的成就正是中国积极融入经济全球化进程的结果。中国坚持对外开放基本国策，奉行互利共赢的开放战略，不断提升发展的内外联动性，在实现自身发展的同时更多惠及其他国家和人民。国务院新闻办2019年9月发布的《新时代的中国与世界》白皮书指出：从1952年至2018年，中国工业增加值从120亿元增加到305160亿元，按不变价格计算增长970倍，年均增长11%；国内生产总值从679亿元增加到90万亿元，按不变价计算增长174倍，年均增长8.1%；人均国内生产总值从119元增加到2018年的64644元，按不变价计算增长70倍。根据世界银行数据，按市场汇率计算，2018年中国经济规模为13.6万亿美元，仅次于美国的20.5万亿美元；2020年，中国国内生产总值突破100万亿元大关，达到1015986亿元。目前，中国是世界上唯一拥有联合国产业分类目录中所有工业门类的国家，多项工业品产量居世界第一。外贸方面，2009年中国成为全球最大货物出口国、第二大货物进口国，2013年成为全球货物贸易第一大国。改革开放以来，中国引进外资大幅增加，日益成为吸引全球投资热土。中国已经成为世界第二大经济体、制造业第一大国、货物贸易第一大国、商品消费第二大国、外资流入第二大国、外汇储备第一大国。社会民生方面，按照现行农村贫困标准计算，中国农村贫困人口从1978年的7.7亿人，下降到2018年的1660万人，农村贫困发生率从97.5%下降到1.7%，下降了95.8个百分点，创造了人类减贫史上的奇迹。70多年前，中国人均预期寿命35岁，2018年达到77岁，按照国家卫生健康委发布的公报，2019年中国居民人均预期寿命提高到77.3岁，远高于世界平均预期寿命72岁。新中国70多年的发展可谓"萧瑟秋风今又是，换了人间！"我们从中读懂了中国为什么"能"、马克思主义为什么"行"以及百年未有之大变局和世界历史的坐标发生了反转的真正内涵。

中国是经济全球化的推动者和引领者。逆全球化使得中国从全球化的受益者转而成为受害者。中国进出口贸易占 GDP 的比重从2008年的 56.23%下降至2020年上半年的31.19%，降幅明显超过世界平均水平，意味着倒退了近20年。尽管当前西方国家的逆全球化态势愈演愈烈，百年未有之变局和世纪未有之疫情交织叠加，但中国作为负责任的发展中大国，将会以实际举措推动和引领新型经济全球化的发展。如何看待经济全球化形势？习近平总书记指出，"世界经济仍然在深度调整，复苏动力不足，增长分化加剧。经济全球化遇到波折，国际贸易和投资低迷，保护主义抬头"。但同时应该看到，"经济全球化符合生产力发展要求，符合各方利益，是大势所趋"。①首先，中国始终坚持对外开放的基本国策，积极推动自由贸易。中国在着力促进自身经济高质量发展的同时，积极作为，营造宽松有序的投资环境，降低外商投资准入门槛，推进自由贸易示范区建设，构建

---

① 习近平. 共担时代责任 共促全球发展——在世界经济论坛2017年年会开幕式上的主旨演讲［N］. 人民日报，2017-01-18（03）.

面向全球的自贸区网络。其次，中国始终以实际行动支持广大发展中国家特别是最不发达国家的发展，促进全球经济和国际治理朝着更加均衡普惠的方向发展。比如，1950年至2016年，中国在自身发展水平较低和人民生活水平不高的情况下，累计对外提供援款4000多亿元人民币，实施各类对外援助项目5000多个，举办了11000多期培训班，为发展中国家在华培训各类人员26万多名。再次，中国努力为全球经济发展提供更多的公共产品，共建"一带一路"倡议就是其中重要的实践平台。习近平总书记2017年在联合国日内瓦总部谈道，"一带一路"倡议的目的，就是要实现共赢、共享发展。目前，已经有100多个国家和国际组织积极响应号召，一大批早期项目落地开花。2020年新冠肺炎疫情全球大流行，中国积极参与重大传染病防控国际交流，加入"新冠肺炎疫苗实施计划"，同各国在疫苗研发、生产、分配等各环节开展合作，向其他发展中国家提供力所能及的帮助，让新冠疫苗成为各国人民特别是发展中国家人民用得上、用得起的公共产品，以实际行动构建人类卫生健康共同体。最后，中国积极为全球治理贡献新方案。中国支持世界贸易组织、国际货币基金组织和二十国集团等国际组织发挥重要作用，推动自贸区谈判，构建高标准自贸区网络并积极参与地区和全球治理体系的改革与完善。党的十九大报告指出：中国谋求开放创新、包容互惠的发展前景，始终做世界和平的建设者、全球发展的贡献者、国际秩序的维护者。《中华人民共和国国民经济和社会发展第十四个五年规划和2035年远景目标纲要》指出：坚持实施更大范围、更宽领域、更深层次对外开放，依托我国超大规模市场优势，促进国际合作，实现互利共赢，推动共建"一带一路"行稳致远，推动构建人类命运共同体。

2. 研究意义

本书以马克思主义全球化思想、马克思主义中国化发展进程中的全球化理论特别是习近平新时代中国特色社会主义思想为指导，重点分析逆全球化的表现、直接原因、实质、根源、危害和中国新全球化方案的提出背景、主要内容、世界意义、挑战与建议等，对我们正确把握当前国际形势具有重要意义。其理论意义在于：其一，厘清认识，对当前西方国家的逆全球化态势进行理性反思，纠正过去对经济全球化理论的西方视角和西方话语体系；其二，坚定中国继续融入、推动并引领经济全球化的大方向不动摇；其三，密切结合国际国内局势发展变化，助力马克思主义关于全球化理论的研究，加深对中国新全球化方案内容、愿景、世界意义和面临挑战的认识；其四，将马克思主义关于全球化的思想理论运用于中国的具体实践，既在实践中检验了理论的科学性，又反过来促进理论的完善与发展。

曾经高举自由贸易和全球化大旗的西方国家采取的逆全球化举措，恰恰证明了马克思主义关于资本主义全球化是资本主义生产关系扩张的实质，以及资本主义的历史局限性。处在全球化"十字路口"和被疫情阴影笼罩的世界需要新的合作共赢的全球治理体系。当前的逆全球化现象，正有利于我国走近世界舞台中央，在推进与世界各国共同发展的道路上实现自己的强国梦。本书利用马克思主义关于全球化的理论，研究当前的逆全球化态势和我国顺应世界发展大势提出的中国新全球化方案，重点分析逆全球化的表现、产生原因和危害，中国新全球化方案提出的现实基础并阐述其宗旨、理念、行动和未来愿景。曾经高举全球化大旗的西方大国为何突然"偃旗息鼓"？做出这种选择的依据是什么？会给西方社会和发展中国家带来什么？处在"十字路口"的世界将向何处去？中国在当前形势下能否履行大国责任发出中国声音？需要正确处理哪些问题？人类不能因现实复杂而放弃梦想，也不能因理想遥远而放弃追求。国际形势不断发展变化的今天，相互尊重、携手合作、互利共赢、均衡普惠是全球化发展的必由之路，我们应当为此而不懈努力。正基于此，本研究一方面有利于我国正确应对当前的逆全球化态势，真正做到"风物长宜放眼量"，不为眼前暂时的风险挑战所惧；另一方面，有利于我国在与广大发展中国家共同推进新全球化方案的过程中明确自身定位，在坚持把自己事情办好的大前提下，量力而行、尽力而为，协调处理好各方面关系，增强可行性认同。

二、国内外研究综述

作为国际经济社会的新现象，逆全球化的有关理论研究并不充分，不过对中国新全球化方案的综合性研究并不少。只是国内外学者对逆全球化的研究重在宏观和微观经济运用层面，运用西方经济学、发展经济学进行工具性分析的更多，坦白地说他们的对策性研究做得比较细致扎实。但是对导致逆全球化态势的经济制度层面分析的不多，或者说从生产力和生产关系辩证层面分析的持马克思主义全球化立场的规范性分析较少，而对由经济问题衍生的政治、文化等其他层面问题涉及更少。这就使维护人类整体利益特别是发展中国家、新兴经济体国家利益诉求的话语表达根本无法到位。

1. 国内研究状况

（1）国内关于逆全球化的研究现状

近年来，西方资本主义发达国家出现保护主义、民粹主义等逆全球化势头，引起国内学界的广泛关注，研究者们从不同视角对当代资本主义国家的经济全球化困境进行解读。总体而言，我国学者基本上认同逆全球化的原因是中西方国家在经济全球化过程中的利益格局的改变而采取的保护主义；但在导致逆全球化的根本原因和实质的分析上，多数学者停留在经济表征的分析，而从资本主义制度根源上分析资本主义主导的经济全球化的不合理性的较少。在如何对待逆全球化态势、促进合作共赢的新全球化方案方面，多数持积极推进全球化合作的态度，但鲜少观点提及基于传统的全球化规则的不合理性必须增强国家经济自主能力的观点。同时，也有一小部分学者比较谨慎地认为中国在全球化过程中获益颇丰，应该以更低姿态适应西方发达国家的双重标准。

要准确研判经济全球化进程的发展脉络，只有在剖析其原因机理的基础上才能明晰其未来趋势。著名学者俞可平指出："全球化既不是单纯的同质化，也不是简单的碎裂化，它是一个合理的悖论：它既是国际化，又是本土化；既是普遍化，又是特殊化；既是民族化，又是世界化；既是分散，又是整合。全球化是一种真正的'对立统一'，两种完全相反的趋势却奇妙地结合在一起，相辅相成，你中有我，我中有你。"①中国社科院研究院栾文莲认为，逆全球化实质上是资本主义社会矛盾和阶级矛盾激化的产物，也是当前西方国家政府转移矛盾的手段。②中国社科院研究员郑一明认为，在全球化发展的"周期律"中，每一个周期都开始于"实业的春天"，发展于"产业的盛夏"，转折于"金融的秋季"，最终陷于"危机的冬季"。西方新自由主义主导的本轮全球化周期已经陷入危机的泥淖不能自拔，逆全球化成为其应对去工业化导致的实体经济危机和资本主义自身发展的不平衡引发的各种复杂、尖锐问题的暂时性策略。③吉林大学纪玉山教授认为，全球化的利益分配不均引发"受益群体"与"受损群体"之间的矛盾冲突是导致逆全球化出现的主要原因之一。④中央党校郭强教授

---

① 俞可平. 全球化的悖论[J]. 决策探索，2010（2）：12.

② 栾文莲. 对当前西方国家反全球化与逆全球化的分析评判[J]. 马克思主义研究，2018（4）：89—97.

③ 郑一明，张超颖. 从马克思主义视角看全球化、反全球化和逆全球化[J]. 马克思主义与现实，2018（4）：8—15.

④ 刘洋，纪玉山. 从"逆全球化"到"新全球化"：中国发展的战略选择[J]. 江苏行政学院学报，2018（3）：63—68.

把逆全球化的特点归纳有三：其一，全球性。主要还是因为经济危机首先由发达资本主义国家引起，在今天全球化更为深入的时候由于其自身的重要性与影响力更使得这种危机扩展得更快更深。其二，虚伪性。发达资本主义国家口头上表示反对贸易保护主义，但实际上却反其道而行之，只不过采取的贸易保护手段显得更加隐蔽。其三，多样复杂性。其保护的领域手段都大大增加，甚至出现资本保护主义，部分国家鼓励乃至倡导资本回流。① 同济大学郑春荣教授认为，逆全球化产生的原因在于全球化进程导致西方产生一种新的结构性分歧，即全球化赢家与输家之间的对立，他将之归为"现代化输家"理论。② 当世界经济增长的动力火车头从发达资本主义国家转向今天的发展中国家，那么在新一轮经济较量中，老牌资本主义国家逐步处于下风，成为"现代化输家"，这是逆全球化首先出现在欧美发达资本主义国家的原因。南开大学韩召颖教授基于商品、资本、人员三要素分析了逆全球化的动因，认为在商品的全球流动中，西方国家在国际货物贸易中地位不断下降、贸易逆差日益扩大，而外商直接投资流入量下降的趋势使得其贸易赤字无法得到有效的弥补，出于其国际战略与国内政治考虑，美欧等发达国家便提出了反国际贸易、贸易保护主义等主张。人员的自由流动及其带来的便利在很大程度上被国际恐怖组织利用，而成为恐怖主义最主要打击对象的欧美等国则遭受了严重的损害，为保障自身安全，西方加强了对人员流动的监管和限制；此外，外来移民（难民）的大量进入引起的难民危机和身份认同危机则直接造成了西方国家反对外来移民的风潮。③

对于逆全球化思潮对全球治理的影响，学者们从不同方面进行探讨，

---

① 郭强. 逆全球化：资本主义最新动向研究[J]. 当代世界与社会主义，2013（4）：16—21.

② 郑春荣. 欧盟逆全球化思潮涌动的原因与表现[J]. 国际展望，2017（1）：34—51.

③ 韩召颖，姜潭. 西方国家"逆全球化"现象的一种解释[J]. 四川大学学报（哲学社会科学版），2018（5）：94—102.

但持批判态度的学者居多。徐艳玲认为，反全球化思潮"有利于我们厘清对全球化本质的认识，促使我们正视全球化的负面影响并进行反思"。[①]外交学院卢静教授认为，逆全球化背后反映出的是全球治理赤字问题，凸显了全球治理的民主赤字、分配赤字、责任赤字等。然而事实上，全球化是不可逆转的历史大势，逆全球化将为改革完善现有的全球治理体制提供新动力。清华大学胡鞍钢教授提出了解决逆全球化之道在于政治上更平衡、安全上更稳定、经济上更开放更包容、文明上更非排他、生态上更可持续的"新全球化"体系。中国作为全球化的最大受益者和"逆全球化"的最大受害者，将充分利用"天时""地利""国和"，搭好台唱好"主角"，积极倡导"共赢主义"，打造人类命运共同体，全面参与全球治理，推动"逆全球化"迈向"新全球化"，与世界各国共享发展红利、机会红利、开放红利。[②]

（2）国内关于中国新全球化方案的研究现状

国内学者对全球治理"中国方案"内容的研究主要依循总揽全局和具体分析各领域两种思路展开。福建省委党校田恒国教授认为，中国共产党将马克思、恩格斯《共产党宣言》中的全球化思想内化为中国新全球化方案，发展了马克思主义全球化思想。中央党校（国家行政学院）韩庆祥教授认为，中国多元差异性与统一稳定性相融合的体制给长期在西方模式引领下未能长期持续发展甚至陷入困境的广大发展中国家提供了经验借鉴。南开大学王永贵、中国人民大学李巍等认为，共商共建共享理念是全球治理中国方案的核心要义，构建新型国际关系、打造人类命运共同体、践行正确的义利观等思想与之一脉相承。复旦大学张维为、中国人民大学万喆

① 徐艳玲. 全球化、反全球化与社会主义[M]. 济南：山东人民出版社，2005：105.
② 胡鞍钢，王蔚. 从"逆全球化"到"新全球化"：中国角色与世界作用[J]. 学术界，2017（3）：5—17.

等主要从中国外交实践阐明全球治理中国方案。正如万喆所指出的那样，当前世界"面临的不只是经济疲弱，还有国际秩序的溃堤和旧有意识形态的崩塌"，中国给出的药方是：政治上"推动全球共治的全新理念"，经济上"推动全球投资、贸易、服务的深度流动"，生态上"积极承担国际责任和大国义务"。[①]何亚非认为，改变"西方叙事"独步天下局面的"中国叙事"是"以全球伙伴关系代替军事同盟关系""以和平相处、和平竞争代替你死我活的零和博弈"。[②]清华大学胡鞍钢教授认为，以美国为首的北方国家扛不动自由贸易大旗的困境正是以中国为首的南方国家扛起"新全球化"旗帜的机遇。吉林大学纪玉山教授认为，中国作为最大的发展中国家，应该致力于以"中国方案"参与新一轮全球化规则建构和全球治理，以创造新的全球化净收益，引领新全球化进程。南京师范大学王永贵教授认为，作为中国对现行世界秩序的概括性表达，人类命运共同体是马克思共同体理论合乎逻辑的中国化时代回应，是中国奉献给人类的世界秩序理念范式。它超越了旧世界秩序局限于民族范式的"小我"利益观，真正实现了"以天下观天下"的"大我"人类价值观，是人类告别虚假的共同体到达真正的共同体的主体性活动过程。[③]中国人民大学肖群忠教授认为，人类命运共同体思想是以中国作为一个文明共同体所形成的天下一家、协和万邦、万国咸宁、天下为公、世界大同思想为基因并根据当代世界的客观发展情势提出来的，体现了中国作为一种文明发展道路的中华文明自信和回应世界当下矛盾冲突和发展道路、未来前景的中国方案与中国

---

① 万喆. 全球经济治理需要中国方案[N]. 经济日报，2017-01-20（13）.

② 何亚非. 开拓新时期全球化发展的新思路和新路径[N]. 21世纪经济报道，2017-02-28（9）.

③ 黄婷，王永贵. 人类命运共同体：一种世界秩序的话语表述[J]. 马克思主义与现实，2017（5）：168—174.

智慧。①国家发改委张燕生研究员认为，当前全球总体产能和经济福利过剩而"一带一路"沿线国家产能和经济福利却是短缺的，"一带一路"倡议可以实现经济再平衡。北京师范大学胡必亮教授认为，"一带一路"倡议是为了更好地服务于国际和国内发展。国际发展主要是促进世界经济回升向好、推动全球化转型升级；创建新的国际合作模式，促进区域一体化和全球一体化发展等。国内发展包括大力开展国际产能合作、助力供给侧结构性改革等措施的落实。中国国际问题研究院院长苏格认为，全球治理体系亟须改进，主要原因有三：一是目前的全球治理体系包括具有影响力的国际组织大多由西方资本主义发达国家主导，导致广大发展中国家的利益诉求得不到应有的重视；二是2008年国际金融危机爆发后，西方资本主义发达国家的全球治理意愿下降；三是目前的全球治理体系和格局呈现出碎片化特点，在应对跨国跨地区威胁方面的效率不够高。而中国作为全球第二大经济体和最大的发展中国家，已经基本具备了参与全球治理改革的"硬实力"和"软实力"，理应为新型全球化和治理体系改革完善做出一定的贡献。苏格还认为，妨碍区域经济发展的两大因素是基础设施建设滞后和资金缺乏。中国提出的"一带一路"倡议可以有效应对这两大问题，有助于开展更大范围和更深层次的区域经济合作。

2. 国外研究状况

（1）国外关于逆全球化的研究现状

1961年，global（全球）一词被收入《韦伯斯特大词典》，1962年，global（全球）一词收入被认为是当今最全面、最权威的英语词典《牛津英语词典》中。1985年，R.Roberson和Farnk Lechenr发表《现代化·全球化和世界体系理论中的文化问题》，明确提出了"全球化"（globalization）一

---

① 肖群忠，杨帆. 文明自信与中国智慧——构建人类命运共同体思想的实质、意义与途径[J].中国特色社会主义理论，2018（2）：25—31.

词，并提出了与全球化有关的许多问题，引起了人们的广泛注意。

从马克思主义角度看，马克思主义经典作家生活在全球化刚刚起步的时代，他们虽然未曾使用后人论著中的"全球化"等专业的名词概念，但是他们已经自觉地从全人类的整体利益视角来理解人类社会兴衰和历史发展的进程；他们的研究、思考和判断是全球化的重要理论资源；他们使用的视角与方法也是全球化研究的基本工具。的确，马克思主义经典作家始终站在被压迫者和弱势群体的立场上，从全人类整体利益的视角出发来分析问题并提出理论假设。对弱势群体的关心和人类共同命运的关注是经典作家一以贯之的基本价值取向以及其理论建构与实践活动的根本目的。应该说，这种立场和出发点使他们能始终如一地关怀弱势群体的利益和全人类的共同前途，深刻地揭示了资本主义制度中的各种问题，批判了资本主义社会中的不公平和不公正，并提出革命性的解决方法和替代方案。对经典作家来说，对弱势群体的关心和对全人类共同利益的关注并不存在矛盾。马克思主义经典作家的上述立场和出发点至今仍然深刻地影响着当代全球化的研究，指导着人们更加深刻全面地认识全球化，并为批判全球化存在的问题、产生的消极影响、寻找解决问题的措施提供了价值准则和评判标准。

关于全球化与反全球化运动，全球化是一个矛盾的统一体，在其一体化进程中始终包含着分离的趋势，质疑全球化主流趋势的声音集结在一起，形成另一种全球化——反全球化。全球化与反全球化是一个问题的两个方面，反全球化是全球化的伴生物，因此关注全球化就无法忽视反全球化的存在。美国学者福山认为，反全球化力量的活跃表明"为弱者和处于边缘者的利益来抵制富有权势的、平等主义的政治冲动依然有力，并且已经在卷土重来"。

逆全球化运动是在全球化、反全球化的背景下应运而生的，如同全球化的概念界定一样，学界没有明确的定义，对于逆全球化运动含义的界定也没有统一的标准。逆全球化，又称去全球化，与以资本、生产和市场在全球层面加速一体化的全球化进程背道而驰，是指重新赋权给地方和国家层面。[1]1957年，埃及著名的马克思主义学者萨米尔·阿明（Samir Amin）在博士毕业论文中最早构建了"依附理论"的雏形——世界资本积累和发展模式。20世纪六七十年代，巴西著名学者费尔南多·恩里克·卡尔多佐用辩证法研究了世界的结构和全球历史，提出了"中心区"与"边缘区"思想，认为处在边缘区的欠发达或者不发达国家在受外部力量和内部力量支配这两个维度上依附于处在中心区的发达资本主义国家。美国著名政治学者、哈佛大学教授亨廷顿认为，全球化进程中各种文明的冲突会愈演愈烈。"西方和日本几乎垄断了先进技术工业。然而技术正在传播，如果西方希望维持优势，它将竭力把传播减小到最低限度。"[2]因此，亨廷顿教授将逆全球化的产生归结为全球化所加剧的不同文明范式间的激烈碰撞与不断的冲突交锋，并且随着全球化进程的进一步延伸与发展，这些不同文明之间的冲突显然已触及国内层面，内化为一个社区或组织内部的冲突，进而爆发出了更加强大的反作用。同时，逆全球化态势应该是全球化显现出其根本性矛盾的发展过程，是新时代国家间更为根本冲突的起始和初级阶段，文明之间的冲突将会体现得更加清晰与重要。此外，先前提及的萨米尔·阿明教授认为，"实际存在的全球化自由主义只能导致各国人民之间（世界更加两极分化）以及（南北）各国人民内部的不平等加剧"。[3]反全球化在给资本主义全球化以沉重一击的同时，也促使人们反思，对全球化、资本主义的命运、未来社会制度有更加清晰准确的判断。

---

① See Walden Bello. Deglobalization: Ideas for a New World Economy[M]. New Updated Edition, Dhaka: University Press Ltd, 2004.

② 亨廷顿. 文明的冲突与世界秩序的重建[M]. 北京：新华出版社，2002：83.

③ 萨米尔·阿明. 自由主义病毒/欧洲中心论批判[M]. 北京：社会科学文献出版社，2007：18.

（2）国外关于中国新全球化方案的研究现状

国外学者对全球治理"中国方案"的研究多集中于人类命运共同体思想和"一带一路"倡议提出之后，在2016年二十国集团杭州峰会、2017年1月世界经济论坛和联合国日内瓦峰会召开期间得到了广泛热议，在党的十九大、2018年与2019年两会和两次"一带一路"国际合作高峰论坛期间掀起研究高潮。探讨的内容主要有：一是总体描述"中国方案"对全球治理的借鉴作用。意大利学者纳波利奥尼认为，中国模式为更好地理解西方社会的危机和资本主义衰退提供了借鉴。德国《斯图加特日报》网站刊文指出"中国的发展模式可能成为解决迫在眉睫的全球问题的方案的一部分"。①捷克社会民主党前主席帕鲁贝克认为，面对全球治理碎片化的趋势，中国应在全球化新时代发挥重要作用，例如通过亚洲基础设施投资银行推动全球金融体系变革。英国剑桥大学教授马丁·雅克认为，"摒弃丛林法则、超越零和博弈，开辟一条合作共赢、共建共享的文明发展新道路"是中国道路的启示。《21世纪马克思主义》杂志主编巴蒂斯蒂认为，全球经济秩序改革和经济衰退问题治理需要中国提供新方案。英国社会科学院院士、剑桥大学伊曼纽尔学院名誉研究员、北京大学客座教授大卫·莱恩认为，虽然在资本主义制度下中国实现自己新全球化方案的障碍很大，但具有中国特色的新全球化方案使得不同背景国家在全球化中可以保留自身独立的发展诉求，代表了对新自由主义全球化的另一种替代方案。美国卡特政府法律顾问、全球化智库研究员哈维将"一带一路"倡议视为中国致力于推动经济全球化和多边主义发展的实例，认为这是"建桥"而非"筑墙"之举。二是具体分析全球治理"中国方案"的某一项倡议对全球治理的启示。俄罗斯科学院远东研究所所长卢贾宁认为，"一带一路"

---

① 海外舆论：中国方案为世界注入正能量［EB／OL］（2017-03-13）．http：//news.ifeng.eom/a/20170313／50775585__o.shtml.

倡议"能够引导好经济全球化，消解经济全球化的负面影响"。德国席勒研究所佩里莫尼认为，"一带一路"倡议是构建人类命运共同体的重要路径，动摇了民粹主义等保守思想的根基，为世界经济发展和人类和平奠定了基础。美国《行政情报评论》主笔琼斯认为，人类命运共同体思想试图让整个世界脱离地缘政治冲突，打造一个新的基于公益的国际体系和共同体。美国库恩基金会主席、中国问题专家罗伯特·劳伦斯·库恩认为，中国对于广大发展中国家而言既是榜样，同时也是能带来资本和经验的国家，参与中国的"一带一路"倡议是加强与中国合作的有效方式。三是强调中国经济发展对全球经济治理的贡献。里约热内卢州立大学毛里西奥·桑托罗认为，对比国际政治舞台"黑天鹅"频飞，"中国最大的贡献是保持经济的稳定"。澳大利亚经济学家加诺特认为，中国改变了传统的全球发展理念，西方可以从中吸取大量经验来改造自身的发展。

　　总的来说，目前国内外学者对逆全球化态势的研究主要围绕着逆全球化思潮的兴起、表现及其对国际治理的消极影响展开，他们对全球治理"中国方案"的解读，勾勒出了逆全球化态势下全球治理"中国方案"的基本图景，为进一步研究该议题奠定了理论基础。综观当前学界对逆全球化和中国新全球化方案的研究：一是对逆全球化更多从经济层面分析，从政治、文化、外交和资本主义内在矛盾等层面展开的全方位的综合研究较少；二是较多单一地研究逆全球化的消极影响，事实上逆全球化态势对于中国通过新全球化方案树立负责任的大国地位和形象或许正是机遇；三是对中国新全球化方案的内容研究呈现两种分离倾向：一类是对于中国方案的主要内容，即人类命运共同体思想和"一带一路"倡议的研究偏重于正面阐述，缺乏对其面临挑战的分析与对策建议；另一类是偏重中国新全球化方案在某一领域的运用而忽略从宏观层面的多角度探讨。这些内容需要进一步研究和深化。

三、 研究思路和主要观点

1. 本书的研究思路

本书主要对西方国家逆全球化态势和中国新全球化方案进行研究、分析和论证。具体而言，本书主要分为五个章节，各章节主要内容如下：

第一章是导论。简要介绍本书的研究背景与理论、现实意义，阐述本研究的国内外研究现状，指出本书的研究内容、研究方法、研究思路和主要观点。

第二章是对相关概念进行界定，梳理理论界关于全球化、反全球化与逆全球化的利弊论争与对应的理论主张及实践。该章首先界定了全球化、反全球化和逆全球化的概念并对三者关系加以分析；其次，围绕全球化利弊之争，主要探讨分析马克思主义关于全球化的理论，其中包括马克思和恩格斯的相关理论；国外马克思主义研究的相关理论，包括"依附理论"和世界体系理论；马克思主义中国化进程对全球化理论的继承与发展。

第三章主要阐述逆全球化的表现、产生原因及危害。首先阐述了逆全球化在经济、政治、文化方面的表现；其次针对以上三方面表现分析了直接原因，并明确指出逆全球化的实质和根源；最后站在马克思主义立场上阐述了逆全球化的危害。

西方资本主义发达国家主导的传统全球化模式在推动全球化发展和全球治理中发挥过较大的促进作用。但是，席卷全球的国际金融危机令往昔叱咤全球的西方模式日益陷入治理无效的尴尬境地，西方资本主义发达国家在预见自身优势将失的背景下祭出逆全球化举措，纷纷走向了全球化的对立面，愈发难以扛起推进全球化发展的大旗。面对全球化发展进程受阻的现实困境和越来越不确定的世界，经历七十多年风雨的中国并未退缩，一如既往地致力于推动全球经济复苏，促进与广大发展中国家共同发展，提出破解全球治理困境的中国新全球化方案，为全球化进程打开了新局面。这是连接本书两大部分的重要逻辑链条。

第四章至第五章是本书的重点章节。其中，第四章主要阐述中国新全球化方案的提出背景、主要内容与愿景。首先分析了中国方案的提出背景：一方面，事实比逻辑更有说服力。中华人民共和国成立七十多年来，特别是改革开放四十多年来的发展成就是中国方案得以提出的基本前提和逻辑起点。另一方面，广大发展中国家对中国发展道路的认可，并期望中国在新全球化中发挥更大作用，也是中国方案得以提出的重要原因。其次论述了中国新全球化方案的宗旨、理念、行动等主要内容。最后阐明了中国新全球化方案的两大愿景。

第五章主要阐述中国新全球化方案的世界意义、挑战与建议。首先从不同层面分析了中国新全球化方案的两大意义：一是对西方主导的传统全球化模式的超越；二是提出该方案是中国向世界提供的公共产品。其次强调指出了中国新全球化方案推进过程中面临的来自不同层面的困难与障碍；最后从四个方面提出了加快推进中国新全球化方案的建议，这是立足我国国情、发展实际和国际形势的中肯之语。

2. 研究方法

170多年来的实践充分证明，还没有哪一种思想、学说或者理论能像马克思主义这样保持旺盛生命力，对推动世界发展、人类进步起到如此重大的作用，产生深远的历史与现实影响。尽管当前的世界格局较马克思生活的年代已发生了广泛而深刻的变化，但人类社会历史发展的总趋势并没有超越马克思主义所揭示的基本规律范畴。因此，站在人类历史长河的角度，运用马克思主义的立场、观点和方法，对当前西方国家的逆全球化态势和中国新全球化方案进行研究无疑是正确的指导思想和方法论。研究理论最终是为了解释过去、指导现实并在此基础上科学预见未来，正确认识我们身处的时代和世界是科学运用马克思主义的必然要求。本书以马克思主义的全球化思想为重要依据，在研究中主要运用以下原则和方法：

第一，文献研究法。掌握翔实而充足的资料是学术研究的必要条件，掌握国内外专家学者的研究成果是理论创新的前提。本书始终认为深入挖掘现有资料，把握好现有"资料"与研究"主题"的关系是在学术上进行一些开拓性研究必不可少的步骤。本书的研究将充分利用学校图书馆提供的纸质版书籍和电子书刊，根据所研究的逆全球化和中国新全球化方案查阅大量相关著作、刊物等资料，同时利用联合国、世界银行、世界贸易组织、国家发展和改革委员会、商务部、国家统计局等国内外官方资料和数据库查询研究所需要的学术论文、研究报告、统计年鉴等，在对所收集的资料整理和加工的基础上，增加对全球化、反全球化、逆全球化等基本理论的理解和掌握，进一步了解学术界对该问题思考与认识的程度，做到历史和逻辑、理论与实践相互统一。

第二，对比研究法。本书在探讨中国新全球化方案的宗旨、理念、行动和意义时明确提出了诸如中国方案是对西方主导的传统全球化模式的超越、是中国作为负责任的大国向世界提供的公共产品的观点（并从多层面加以分析）。这事实上是将西方资本主义发达国家主导的传统全球化模式与中国提出的新全球化方案加以对比分析，并在此基础上得出相应结论。

第三，理论联系实际的方法。在界定全球化、反全球化、逆全球化、马克思主义全球化思想和其他相关理论的基础上，着重分析了当前逆全球化在经济、政治、文化等方面的具体表现、产生原因、危害和中国提出新全球化方案的国内国际背景、世界意义、面临的问题与对策建议等。这里要特别说明的是，马克思主义全球化思想既是研究全球化问题的根基，也是应对西方国家当前的逆全球化态势和中国提出新全球化方案的重要理论基础。

3. 本书主要观点

本书着重研究了西方国家逆全球化态势与中国新全球化方案，主要观点：

第一，坚持马克思主义全球化思想，认为对待经济全球化要从生产力和生产关系两个方面来看。经济全球化是当代世界经济的重要特征之一，也是世界经济发展的重要趋势。从生产力方面来看，经济全球化是人类社会生产力发展和进步的表现和必然趋势，它通过生产要素在全球范围的合理配置，充分调动了生产要素的效能、降低生产成本，实现资源最优配置，从而创造了人类社会有史以来最为丰富的物质财富，使更多的人有可能摆脱绝对贫困。但是从生产关系方面来看，经济全球化是随着资本主义生产方式的诞生、在市场原则和为利润而生产的基础上组织起来的，是以资本主义生产方式为主导的遵循资本逻辑的全球运行机制和全球规则，由此导致发达国家与发展中国家、发达国家内部的矛盾，导致贫者愈贫、富者愈富。因此，发展中国家要积极融合全球化，同时要保持和增强国家经济自主发展的能力。

第二，反全球化即反对全球化过程中的不平等现象的思潮与运动。由于经济全球化的双重性，资本主义经济全球化主导下的全球价值链分工，在促进全球经济增长、资本逐利以及提高发展中国家的劳动生产率的同时，也对发展中国家和发达国家中下阶层的收入造成了严重的冲击，加剧了国家之间的发展不平衡和西方国家内部收入分配不平等的现象。企业效益急剧下降，失业问题严峻，加重了收入分配的贫富差距。人们把这一现象归因于经济全球化，反全球化情绪高涨。作为全球化的伴生物，反全球化运动的主要诉求是反对资本主义全球化进程所造成的严重的贫富分化以及政治、民族冲突。虽然其间有一部分反全球化者主张完全否定和排斥经济全球化，但是绝大多数反全球化者并非反对全球化本身，而是不满全球化所带来的诸多负面结果。反全球化在给资本主义全球化以沉重一击的同时，也促使人们反思，对全球化、资本主义的命运、未来社会制度有更加清晰准确的判断。

第三，逆全球化即与全球化进程背道而驰，重新赋权于地方和国家层面的思潮，特指在经济全球化进展到一定阶段后所出现的不同程度和不同形式的市场再分割现象。具体表现为原先奉行自由贸易的国家由于国际竞争力下降导致利益受损，而退回到市场有条件开放甚至封闭的贸易保护主义倾向，对商品、资本和劳动力等要素的国际流动设置各种制度性障碍。反全球化是民间对资本主义全球化导致的不平等现象的抗议，而逆全球化从表面上看，是国家政策层面顺应反全球化诉求的政策调整。经济全球化进程中的力量对比导致原先全球化主导国家为维持原有权力格局的策略调整是逆全球化产生的直接原因和动机，同时发达国家很好地利用了国内由于全球化导致利益分配受损群体的反全球化力量，这种策略手段，与历来资本主义国家转嫁国内经济危机的做法别无二致。逆全球化实质上是资本主义社会矛盾和阶级矛盾激化的产物，也是当前资本主义国家政府转移矛盾，应对"去工业化"的实体经济危机和资本主义自身发展的不平衡引发的各种社会矛盾的国际策略。

第四，关于逆全球化的危害。逆全球化的行为不仅违背生产力发展的历史趋势，而且也不利于双方问题的解决。一是西方国家的逆全球化策略，导致发达国家和发展中国家间跨境资本流动减缓，加上新技术革命及气候危机等因素的影响，使未来国际经济和全球治理面临很大的不确定性。二是不顾国际贸易规则，凌驾于自身所缔造秩序之上，公然违反世界贸易组织多边贸易体制规定的单边主义的逆全球化政策，本质上是对当前国际秩序的破坏。在缺乏有效协商机制的前提下，妄图"以国内法取代国际法"，基于本国利益优先而非基于构建公平的国际贸易准则，可能会加速原有体系内公共基础设施的崩塌，给全球化进程蒙上了一层阴影。一些资本主义国家的逆全球化措施突破了经济领域，进一步扩展到政治、外交领域，试图扭转新兴国家在全球化进程中的获益状态，破坏新兴国家崛起所需的和平发展环境，以此改变自身发展颓势。逆全球化在给资本主义全球化以沉重一击的同时，也促使人们反思全球化、资本主义、社会制度的未来走向。

第五，当前西方资本主义国家的逆全球化趋势恰恰暴露了传统的经济全球化是西方资本主义国家维护其国际垄断资本利益的不合理的手段之所在。倡导合作共赢的新全球化秩序，推进全球治理体系改革，越来越成为世界各国的共同诉求。未来经济全球化的进程不会改变，但是全球化的形势会发生根本性的改变。中国高举经济全球化的大旗，以"人类命运共同体"理念重构国际价值链分工体系，用自己对全球化的理解，形成合作共赢的全球化新方案。一是以合作共赢原则克服全球秩序的不平等性，中国方案由理念到行动，赢得普遍认同。以合作共赢原则克服全球秩序的不平等性，拓展了发展中国家走向现代化的途径，实现遵循人类命运共同体思想的全球化，这是对资本主义全球化的辩证发展，是对马克思全球化思想的继承和发展。二是勇担责任破解赤字，理性处理与大国关系，排解阻力共同发展。大国关系事关全球经济政治稳定局势，大国都承担着特殊责任。当今世界正面临百年未有之大变局，大国之间管控分歧，拓展合作，为世界提供更多的稳定性和可预期性。中国倡导的新全球化方案强调"坚持共商共建共享的全球治理观"，着力破解世界面临的治理、信任、和平、发展"四大赤字"。这是中国推动新型全球化方案的最新努力，也是对大国责任担当的最新注解。

本书的创新之处在于：

第一，关于研究的现实针对性。本书认为，对于一个有志于从事学术科研的人来说，至关重要的是能否抓住并正视其时代背景中最重要的议题。近年来，伴随着英国脱欧、特朗普当选美国总统、新冠肺炎疫情全球大流行等"黑天鹅"事件的频繁爆发，反全球化浪潮在全世界范围内"风起云涌"并逐渐升级为一些西方大国采取逆全球化举措的国家意志。站在百年未有之大变局的"十字路口"，全球化将何去何从？这既关系到我国的发展利益，也关系到世界各国的前途命运。本书的研究正是立足于这样的时代背景，分析问题并提出对策。

第二，关于研究视角。一方面，当前学界对逆全球化和中国方案的研究更多的是从现象到现象、就方案说方案的单一模式，缺乏有机整合。另一方面，目前关于逆全球化的研究多从经济视角特别是西方经济学视角出发。本书则坚持马克思主义整体性思维，从马克思主义经济学和马克思主义中国化实践的视角出发，以逆全球化在经济、政治、文化等方面的具体表现入手，进而分析逆全球化产生的表现、原因及危害，最后提出中国的新全球化方案，从多角度将二者（逆全球化和中国新全球化方案）有机统一起来，说明中国的新全球化方案符合历史发展的必然性。在此需要特别指出的是，目前众多学者单一地以改革开放为时间起点归纳总结中国发展实践的经验，这在一定程度上割裂了中华人民共和国成立前三十年和改革开放后四十多年之间的关系。本书则在分析中国新全球化方案提出背景时站在七十多年的层面对中国的发展经验予以总结，更全面、更客观。

第三，关于研究内容。本书具有鲜明的问题导向：问题是时代的声音，是实践的起点、创新的起点，也是研究的导引。每个时代必然有属于自己的问题，学者只有树立起强烈的问题意识，才能实事求是地看待时代发展中各式各样层出不穷的问题，这符合马克思主义认识论和辩证法。本书认为，学术研究的很多内容是相通的，人为割裂或拆开也许是为了研究的便捷与专一，但这也可能造成把握与理解中的偏差。事实上，近些年的国际国内热点问题愈发交融复杂，很多学术研究的内容也越来越趋于综合，有的甚至还跨越了学科界限。学界目前对中国方案的研究更多是以其积极和进步性为出发点，涉及探讨中国推进新全球化方案时面临的困难与障碍的相对较少，对挑战的估计不够充分。同时，如前所述，同类研究中将西方国家逆全球化态势与中国方案联结在一起的也相对较少。本书将逆全球化态势和中国方案统筹兼顾起来，并在第五章专门探讨了中国新全球化方案的意义、多方面挑战和推进中国新全球化方案的建议，以期为同类研究做一些有益的补充。另外，本书在第三章的研究中明确指出了逆全球化的实质是资产阶级维持其固有格局红利，逆全球化的根源是代表资产阶级利益的资本主义的生产方式。

第二章　关于全球化、反全球化与逆全球化及其利弊论争

一、全球化、反全球化与逆全球化

1. 全球化

"全球化"到底该如何定义？这一问题至今没有统一答案，但一些学者的研究可以为我们提供一定的思路和视角。"全球化"的概念最早是由研讨全球问题的智囊组织罗马俱乐部（Club of Rome）在20世纪60年代提出来的。美国经济学家莱维特（Levitt）于1985年在《哈佛商报》上发表了题为"市场的全球化"的文章，他认为全球化是用来描述商品、服务、资本和技术在世界性生产、消费和投资领域中扩散的现象，这也就从经济角度将"全球化"概念推广开来了。国际货币基金组织在《世界经济展望1997》中这样定义全球化："通过贸易、资金流动、技术涌现、信息网络和文化交流，世界范围的经济高速融合。亦即世界范围各国成长中的经济通过正在增长中的大量与多样的商品劳务的广泛输送，国际资金的流动、技术被更快捷广泛地传播，而形成的相互依赖的现象。其表现为贸易、直接资本流动和转让。"需要特别指出的是，一方面，鉴于一般意义上国内外学者们大都将全球化等同于经济全球化，因而本书研究的全球化也特指经济全球化；另一方面，在全球各领域深度交融的今天，研究经济全球化又不可避免地涉及政治、文化、外交等其他层面，因此本书的研究也会将全球化（经济全球化）看作一个整体。

2. 反全球化

20世纪90年代以来，伴随着全球化的快速发展，反全球化运动日益高涨。反全球化（Anti-globalization）的概念和全球化一样，至今也没有统一答案。反全球化的力量主要有三种取向：一是并非反对全球化本身，而是反对全球化进程中出现的问题与弊端，特别是全球化导致的经济上明显扩大的贫富差异。二是不是反对全球化本身，只是反对资本主义的全球化，明确地将反对全球化与反对资本主义制度联系起来。三是将全球化视为"美国化""西方化"或者"殖民主义"，反对带有这种性质的全球化。反全球化运动像一面"镜子"，照出了全球化发展过程中的诸多矛盾和问题，既为相关国家和国际组织更好地反思全球化提供了契机，也让民众对全球化、反全球化有了更加理性客观的认识。1999年11月发生在美国西雅图世贸组织部长会议期间的大规模反全球化游行示威，被认为是大规模反全球化运动的开端。本书认为，反全球化是全球化发展到一定阶段的产物，它的主体既包括个体的反全球化者，也包括群体性的反全球化组织，主要体现在经济领域，反对的是垄断资本主导全球化进程的格局，归根结底是经济全球化的二重性所致。

3. 逆全球化

逆全球化（Deglobalization）是一个近几年才出现的概念，学者们对其专门的研究也是在官方使用"逆全球化"一词之后。本书认为，逆全球化是与全球化相悖或者说是逆全球化潮流而动的一种趋势，是全球化发展新阶段中的一种表现形式，是一些资本主义国家政府和政党为了走出危机而采取的实际措施、设置的减速路障（Speed Bump），既是一种经济现象，也是一种政治现实，它显示了资本主义道路衰退的历史趋势。

当前，广大发展中国家在全球经济总量中的比重不断上升，仅中国对世界经济增长的贡献率超过了30%。但反观全球化的传统受益者——西方发达资本主义国家，他们在全球经济版图中的权重却在下降。现实的危机、焦虑的心态使得一些全球化的传统受益者采用"合则用，不合则弃"的投机做法，屡屡抛出逆全球化措施：以美国为例，特朗普总统自2017年上台以来，就不断上演着"变脸""毁约""退群"——退出跨太平洋战略伙伴协定，退出《巴黎协定》，退出联合国教科文组织，退出《关于伊朗核问题的全面协议》（JCPOA），退出联合国人权理事会，退出《苏联和美国消除两国中程和中短程导弹条约》并威胁退出世界贸易组织；无差别地对日本、欧盟等传统盟友和中国、印度等发展中国家加征关税，大幅收紧移民政策，这些举措实质是不顾经济全球化的大趋势，走单边主义和保护主义路线，发动对整个世界的"大战"。

需要特别指出的是，本书所述的西方国家主要是从政治制度和经济发展程度角度综合考量的；另外，本书中逆全球化实施主体的西方国家不单单指美国。众所周知，美国是当前逆全球化的始作俑者，但是其他西方国家或主动或被动地采取了不同程度的逆全球化举措。另外，逆全球化目前只是一种态势，并非普遍现象，国际社会的主流声音依然是全球化。但是，由于美国采取了诸多逆全球化举措，因而产生了广泛而深远地世界性影响，需要予以高度关注。

4. 全球化与反全球化、逆全球化的关系

任何事物都是矛盾的统一体，全球化也不例外。西方资本主义发达国家主导的全球化进程具有鲜明的两重性，在推动社会生产力空前发展的同时，加剧了发展中国家与发达国家、发达国家内部经济利益的冲突，经济发展更加失衡，失业人口增加、贫富差距加大、社会不公等现象在全世界范围内蔓延，强者越强、弱者越弱，富者愈富、贫者愈贫的"马太效应"使利益受损的底层民众迫于现实的压力发出了求变的声音，在尽享全球化红利的西方资本主义发达国家掀起了一波又一波反全球化浪潮。同时，以美国为首的西

方资本主义发达国家通过全球化向广大发展中国家输出民主、自由、人权等"普世价值"，推广西方文化，致使很多发展中国家的价值观和传统文化面临着巨大威胁，因而日益受到抵制。一些资本主义国家政府和政党为了摆脱自身在全球化发展中遇到的困境，为了在某种程度上迎合底层民众以获取选票等政治资本，转移矛盾焦点，把问题简单归咎于全球化，进而采取了一系列逆全球化举措。

处"江湖之远"的底层民众和居"庙堂之高"的资产阶级同时对全球化产生巨大分歧本身也说明了全球化的复杂性。应该说，反全球化具有一定的社会和民意基础，对全球化的发展方向也产生了相应影响，同时给发展中国家加强南南合作增添了新动能；逆全球化是西方资本主义发达国家治理无力的表现，映射出资本主义道路衰退的历史大趋势。可见，全球化其实是一个矛盾的统一体，它的发展过程是螺旋式上升、波浪式前进的。全球化已经深入经济、政治、文化、社会、生态等各个领域，世界各国都处在你中有我、我中有你的大格局中，反全球化和逆全球化只是资本主义世界矛盾激化的产物，它们共同反对的是全球化出现的一些问题，而不是反对全球化本身，因而不具有可持续性，也不可能改变经济全球化的历史潮流与必然趋势。

二、资本逻辑下的全球化弊端与马克思主义的全球化思想

1. 关于资本主义主导下的经济全球化弊端

自从有了国际贸易和世界市场，国际经贸往来对于国家利益和国家安全的利弊之争就没有停止过，经济全球化对于各国经济发展的利弊之争也没有停止过。经济全球化利弊均有，国家受益于全球化的同时，亦必然受全球化的负面影响。经济全球化以不可阻挡之势，冲破民族国家的主权壁

垒，资本、劳动力、信息和思想的流动和传播，对民族国家的经济利益和国家安全构成重大挑战，甚至经济主权也不能有效地避免外来的伤害和破坏。只有少数大国能例外，而大多数主权国家的政府，其维护主权的能力都有所削弱，在参与国际经济事务过程中，在维护自己的权力和利益方面受限。甚至于，随着国家间相互依赖程度的进一步加深，即使在本国市场范围内的自然资源，以及国内经济政策实施等方面，国家行使经济职能的独立性也受到了限制。一些发展中国家出于根本利益的考虑，在全球化的实践中，往往会主动或被迫地把主权考虑置于第二位。强大国家会利用体系结构的力量向弱小国家主权发出挑战，弱小国家在国际体系中被迫处于不利位置。

由此呈现出这样一种现象，在全球化进程中受益大于受损的国家，大多倾向于接受和拥护全球化，而在全球化进程中受损大于受益的国家，则会反对全球化。其中，弱小的受损方选择消极抵制全球化的反全球化行为和政策；而掌握国际谈判话语权和规则主导权的国家，则会强硬地推行具有广泛国际影响力和执行力的逆全球化措施。

因此，反全球化运动和逆全球化态势是经济全球化过程中的伴生物。无论支持全球化、反全球化还是逆全球化的立场，均是从自身利益出发，对于全球化客观趋势所做出的反应。只有公平公正合作共赢的全球化措施和方案，才能协调各方的利益。

如果说经济全球化浪潮是随着新自由主义经济理论的流行而席卷全球的，那么反经济全球化浪潮的出现则是经济全球化深入发展所引发的各种矛盾的必然产物。各种流派的经济学家从不同的角度、立场对经济全球化进行了全面、深入的研究与探讨。他们在部分地肯定经济全球化带来好处的同时，也对其弊端进行了批判。

（1）自由放任的经济全球化政策本身弊端凸显

经济全球化倡导国家取消贸易壁垒，走贸易自由化道路，主张市场对经济关系的统治，对经济实行私有化和非调控化，弱化国家对经济的作用。然而，这些经济政策在经济学界受到了批评。地区经济主义贸易保护论的代表Tim Lang and Colin Hines认为，自由贸易政策存在着自身固有的缺陷，它所带来的问题比其期望解决的问题更多。[1]自由贸易政策本欲提高经济效率，增加就业，提高居民的生活水平，促进世界经济的增长。但带来的却是过度竞争，全球失业人数的增加，居民平均生活水准的下降和世界经济增长的缓慢。自由贸易政策本想在市场机制的作用下缩小世界不平等现象，但带来的却是相对贫困的扩大。因此要实现经济、公平和环境的持续协调发展，就必须放弃自由贸易政策。

在市场的作用方面，著名学者萨米尔·阿明认为，作为经济全球化的理论基础，新自由主义经济理论过分热衷于私有化，鼓吹"市场万能"，反对国家干预，结果却迷失了方向，造成世界范围内的贫富分化以及绝大多数居民人口的贫困化，带来了世界性金融危机和政治动乱。[2]新制度学派的主要代表人物美国经济学家加尔布雷思认为，"自由放任"政策早已不合时宜，管制、调节、计划才是当前这个时代的迫切需要。瑞典学派同样否认资本主义自动调节机制可以恢复被破坏的均衡，强调国家采取旨在缓和经济周期性波动的各种措施的特殊作用。[3]

在国家主权方面，迪特根归纳了民族国家终结的三种看法：一是经济全球化破坏了国家的经济自主性；二是社会的世界替代了国家的世界，

---

① Tim Lang and Colin Hines. The New Protectionism, Enrthscan[M]. London：Public-ations Ltd，1994：3，126.

② Samir Amin. The Challenge of Globalization[J]. Cambridge Press，1996：3-8.

③ 加尔布雷思. 宏观经济学[M]. 孙鸿敞，刘建洲，译. 北京：经济科学出版社，1997：182—191.

夸大国际机制、国际组织的作用；三是东西方冲突的结束削弱了民族国家存在的价值。怀疑派的代表人物P.Hirst和G.Thompson在经过大量的定量研究后发现：全球化学派所认定的国家弱化与消亡完全是耸人听闻、无知可笑的，因为这从根本上低估了国家和政府干预国民经济的持续性力量，目前所有国际经济交往只有依靠国家与政府的协调和推动，才能保证经济合作的正常运转。所谓的经济全球化只能导致更极端的民族主义的兴起，促进世界文明分解成不同文化、宗教和种族的独立领地，而不是什么世界大同、全球文明一体化的出现。①

（2）不平等的世界格局下经济全球化的发展加深了南北差距

依附论者A.G.Frank在其著作《资本主义和拉丁美洲的不发展》中指出，不平衡发展是资本全球扩张的核心现象，核心国家的发达和边缘地区的不发达之间存在着密切关系，两者是同一个历史过程相辅相成的两个方面。只要世界经济结构不变，核心和边缘之间的关系就不会改变，发达和不发达的分界就会存在下去。边缘地区和国家即使有所发展，也只能是依附性发展。特别是在现存全球化体系中，处于边缘地区的国家自主发展的可能性十分有限。②

世界体系论是迄今为止对全球化研究最系统、最完整的理论。其主要观点是，现代世界体系由三部分构成：核心地区、边缘地区和半边缘地区，分别为当前世界上少数最富裕的国家、最贫困的国家和地区、介于两者之间的国家和地区。核心国家主要从事高科技、高垄断因而高利润的生产；边缘国家生产活动的特点是低科技、低垄断因而低利润；半边缘国家中这两类生产的比重大致相当。现代世界体系的这个等级结构保证了世界

---

① Paul Hirst, Graham Thompson. Globalization in question: the international economy and the possibilities of governance[J]. London Polity press, 1996: 176.

② A. G. Frank. Latin America: Underdevelopment or revolution[J]. Monthly Review Press, 1969: 371–409.

财富在损害边缘国家利益的基础上进行有利于核心国家的再分配。只要这个体系的结构不变，边缘国家的发展前景就不会乐观。

巴兰《增长的政治经济学》一书认为，外来资本主义的渗透（资本主义经济全球化）是不发达国家经济落后的根源。按照他的看法，来自国外的破坏性竞争窒息了国内羽毛未丰的产业，使得发展中国家先前的积累和现在生产的经济剩余的很大一部分被发达国家拿走了，从而使不发达国家难以获得其经济发展所必需的、足够数量的原始积累。而且，由于国外资本的渗透，创造了一种相对于总产量的较大的经济剩余（提高剥削率，使总产量的较大部分成为经济剩余），使不发达国家内部消费水平下降，甚至低于生存线。另外，虽然商品流通的扩张和工业无产阶级的创造为其资本主义的发展提供了强有力的推动力，但是这个发展是以西方国家的意图制定的，常常被迫脱离了其正常的进程，变成了扭曲的、跛足的进程。①

由于穷国的资本有机构成低于世界平均资本有机构成，其创造的剩余价值则源源不断地流向富国，进一步破坏了其积累和增长的手段。"这种价值从穷国向富国转移的机制使贫困更加贫困"。瑞典著名经济学家缪尔达尔从"回流效应"和"传播效应"方面论证了不发达国家在国际经济关系中的不利地位。

事实也是如此，汉斯-彼得·马丁、哈拉尔特·舒曼在分析了大量统计数据后尖锐地指出：倍受推崇的全球化的神话就是，占世界人口1/5的最富有的国家决定着世界84.7%的社会总产值、84.2%的贸易额、85.5%的各国储蓄额。自1960年以来，这些最富有的国家与世界上1/5最贫穷的国家之间的差距扩大了一倍。全球化实际上是一个可怕的陷阱。任其发展的结果一定是社会结构的全面崩溃，经济福利和社会保障不复存在，取而代之的

---

① 保罗·巴兰. 增长的政治经济学[M]. 北京：商务印书馆，2000：201—203.

是无法遏制的两极分化和社会不稳定因素与日俱增。①埃斯特万·巴伦蒂认为，全球化对各国都利大于弊的说法是不现实的，存在着两种全球化："富裕国家的全球化"和"贫穷国家的全球化"。"迄今为止的全球化是不平衡的，它加深了穷国和富国、穷人和富人的鸿沟"。就连美国前国务卿基辛格也不得不承认："全球化对美国是好事，对其他国家是坏事……因为它加深了贫富之间的鸿沟。"2000年6月3日，德国前总理施罗德发起有美国、德国、加拿大、法国、意大利等14国政府首脑参加的柏林国际会议，会议通过的《21世纪现代国家管理柏林公报》说：不能听任全球化任意发展，因为"全球化没有给所有人，尤其是发展中国家带来利益"。②

（3）经济全球化给发达国家也带来了威胁

不少学者从发达国家的角度探讨了经济全球化的弊端。如新贸易保护论将国际劳动力价格均等化理论应用于对外贸易，得出的结论是，由于西方发达国家的工资水平远高于发展中国家的工资水平，如果发达国家不对其与发展中国家的贸易实行限制，将会造成发达国家工人的工资水平向低收入国家的工资水平看齐，从而导致发达国家生活水平的下降。因此，发达国家应对来自发展中国家的劳动密集型产品实行限制。而且，在当今的国际贸易中，无障碍自由贸易造成发达国家与发展中国家贸易的大量逆差，导致发达国家工人失业率提高，从而影响西方发达国家的经济增长和居民生活水平的提高。自由贸易是导致西方发达国家失业率长期居高不下、经济增长缓慢的重要原因。

德国前财政部部长拉·方丹曾在《不要拒绝全球化》一书中指出，在全球化浪潮风起云涌、国际竞争压力越来越大的前提下，发达国家的

---

① 汉斯-彼得·马丁，哈拉尔特·舒曼. 全球化陷阱[M]. 北京：中央编译出版社，1998：297.

② Kissinger. Globalization, U.S.A. Seeks hegemony and the worry of Kissinger[N]. New Deutsche newspaper，2000-07-22（06）.

企业恐怕不会（也不能）再有任何社会的和政治的顾虑，而会坚决地向发展中国家转移劳动岗位。罗伯特·萨缪尔森认为："经济全球化是一把'双刃剑'，它是加快经济增长速度、传播新技术和提高富国和穷国生活水平的有效途径，但也是一个侵犯国家主权、侵蚀当地文化和传统、威胁经济和社会稳定的一个很有争议的过程。"①

综合起来，经济全球化对发达国家产生的不良影响主要有：国内产业空洞化，工人失去就业机会，整个社会的福利水平下降，财政收入下降，政府公共支出减少，社会基础设施建设减少，民族国家对经济发展的控制能力降低等等。以至于有学者把全球化看作当代"人类灾难的根源"。马来西亚总理马哈蒂尔说："全球化是一个骗局。"美国学者尼古拉斯·克里斯托夫也认为："经济全球化引起的动荡可能是冷战后一场划时代的危机。"②

（4）经济全球化的实质是资本主义霸权的全球扩张

萨米尔·阿明在其《世界规模的积累》《不平等的发展》等著作中说，从历史上看，资本主义对外扩张可以分为三个阶段：1880年以前的竞争时期；直到第二次世界大战的垄断时期；第二次世界大战以后的国家垄断时期。第三阶段经历了一些重大的结构性变化：在全世界范围内经营的巨型跨国公司崛起；新的科技革命使未来工业引力中心转向新兴工业部门；技术、知识向巨型跨国公司集中。萨米尔·阿明认为，对利润的竞争性追求使得资本主义内的利润率下降，驱使资本家不得不寻求更廉价的原料和距离"中心"越来越远的市场。第二次世界大战以后随着跨国公司的发展和传播，一种新的分工在企业内部再生产出来，中心国家生产软件和

---

① Robert. Samuelson. The pros and cons of globalization[J]. International Herald Tribune, 2000（1）：87.

② 约翰·H.邓宁. 全球化经济若干反论之调和[J]. 国际贸易问题，1996（3）：14—20.

复杂的设备，外围国家则只能生产硬件，这种分工使外围国家的扭曲的发展过程又向前迈进了一步。跨国公司的企业内贸易更加深了不平等交换。萨米尔·阿明还进一步指出，作为经济全球化的理论基础，新自由主义经济理论实质上表现了资本要控制一切的倾向，其逻辑是建立在阶级原则之上的，是为谋求金融资产阶级的最大利益服务的。新自由主义是西方发达国家在后殖民时代向发展中国家灌输的价值观念和意识形态，意在促使发展中国家实行"门户开放"的政策，以便发达国家可以不费一枪一弹就将西方文化和商品源源不断地输送到发展中国家，同时又将大量财富运回本国。所以，新自由主义是强国欺骗和控制弱国的意识形态工具。[①]

新马克思主义流派的代表人物A.Callinicos认为，当今的经济全球化实质就是西方文明（西方体制、西方观念等）的全球性扩张，是西方发达资本主义国家推行资本主义生产方式的帝国主义化。各国政府已经沦为国际垄断资本的代理人，其结果必然是不公平、不公正的国际政治经济秩序与贫富两极分化。

国际上一些左翼人士也持同样观点。丹麦哥本哈根大学学者查尔斯·洛克认为，经济全球化是帝国主义的变种。他说："谈到全球化，在我看来简直就是危险的事，它与帝国主义者的令人眩目的修辞诡计共谋，谈到它我并不抱友好和关心的态度，我对此不抱任何希望，也无能为力。"Alain Touraine指出："重读1848年的《共产党宣言》，惊讶它的现实性，从最初的几页开始，只需将资产阶级换成全球化，就是当今的现实。70年代全球化以来，我们正处于资本主义的第二个时期，全球化掩盖资本主义的本质，商品主义的统治，就是资本主义的统治。"[②]阿兰·鲁格曼

① 杨玉生. 西方马克思主义者与非马克思主义者经济全球化思想评介[J]. 经济学动态，2000（9）：51—56.
② 斯坦利·霍夫曼. 全球化的冲突[J]. 世界经济与政治，2003（4）：64—68.

也认为："人们所谓的'经济全球化'，不过是由目前最为强大的'三级集团'，即：美、欧、日三大经济巨人主导下的超级跨国公司的全球化经营。而且，无论是这些公司的结构性规律及其扩张方式，还是他们的生产管理，抑或贸易经营，都表明它们的全球化运作根本上只是一种资本扩张式的'区域性行为'，而非人们所想象的无限制扩张的经济全球化。"[①]美国经济战略研究所所长Clyde Prestowitz曾直言不讳地说："全球化是美国最根本的国家利益所在。……过去10年中惊人的增长与繁荣并不仅仅是由于美国人工作得比较辛苦和聪明，在很大程度上也得益于从国外注入的资本、商品和服务。这种注入为美国的借贷提供了资金，保证了美元汇率上扬和通货膨胀停留在低水平上。外国市场使美国制造商和出口商得以制造和销售更多的商品，并且由于出口量的增加而降低了成本。"[②]

他们都认为，当今的经济全球化其实是强国霸权主导下的资本主义全球化，而非真正意义上的经济边界的自发扩展。正因为在霸权的主导下使经济全球化畸形发展，才会带来这一系列的弊端。

（5）西方反经济全球化理论评价

西方反经济全球化理论从主流的、非主流的、边缘的和弱势的角度提出了经济全球化过程的种种弊端和不足，可谓仁者见仁智者见智。这些理论有其深刻性和现实意义，但是也或多或少都还存在一些不足之处。[③]

西方马克思主义学派经济学家（萨米尔·阿明和巴兰）较客观地分析了经济全球化对发展中国家经济发展的影响：一方面，经济全球化破坏了发展中国家的民族工业；另一方面，经济全球化又攫取了大部分发展中国家的"生产剩余"，并使发展中国家在新的国际经济秩序中处于更为不利

---

① 阿兰·鲁格曼. 全球化的终结[M]. 北京：中央编译出版社，2000：6—31.

② 詹姆斯·彼得拉斯. 全球化：批判与分析[J]. 读书，2000（4）：160.

③ 王宁，薛晓源. 全球化与后殖民批评[M]. 北京：中央编译出版社，1998：52.

的地位。但他们对经济全球化的认识是有失偏颇的，他们只看到西方体制伴随着经济全球化输入的负面作用，并把这种作用认为是主要的，而无视经济全球化对全球经济发展所起到的积极的、主导的作用，最后得出一个悲观的经济全球化结论。

地区经济主义贸易保护论分析了在当今世界环境下自由贸易政策所带来的问题。但我们应该认识到，这些问题只是伴随着经济全球化而发生，并不一定完全是经济全球化带来的负面影响，国家的政策等其他因素也起着非常重要的作用。自由贸易政策对经济发展和环境的确具有双重作用，但经济全球化并非与环境保护和世界经济的持续发展不相容，在适当的宏观经济指导和微观约束下能达到双赢的效果。

尽管目前的经济金融全球化是以发达国家为主导，但不能据此认为经济金融全球化就是发达国家剥削和掠夺发展中国家的工具，因为这不符合当代发展中国家经济发展的现实。实践充分证明，发展中国家和新兴国家在融入经济金融全球化过程时，要正确看待经济全球化，做到扬长避短，通过增强自身经济发展自主能力，来克服全球化的不利影响，同时发展中国家也要在全球治理体系中通过团结和斗争，争取公正合理的国际规制。发达国家积累了丰富的经验，拥有先进的技术和广阔的国内市场，发展中国家参与全球化的过程就是一个学习的过程，在矛盾和撞击中发展和融合。

依附论对新的世界体系格局的分析具有开拓性，使人们进一步清醒认识到了经济文化比较落后国家在经济全球化中的弱势地位，解释了经济全球化条件下南北方之间经济贸易关系不平等的本质，为发展中国家反对旧的国际经济关系，为南北对话和南南合作的开展以及为新的国际经济秩序的建立提供了重要的理论基础。客观地说，旧的国际分工格局在相当程度上阻碍了发展中国家经济的成长，但这只是事物变化的外因，发展中国家要想真正摆脱贫困，主要应从自身内部找原因。有些学者以新兴工业国家为例，认为冲破这种束缚而求得发展是可能的。

国际劳动力价格均等化新贸易保护论认为，在当今世界经济形势下，自由贸易不利于解决西方经济增长缓慢、世界环境保护和国际贸易公平等问题，自由贸易是导致西方发达国家（特别是西欧）失业率长期居高不下、经济增长缓慢的重要原因。这一观点是站不住脚的。西欧国家长期存在失业问题和经济发展滞缓的根本原因不是自由贸易政策带来的，而是其自身在变化了的世界竞争格局中产业结构升级滞后的结果。20世纪90年代新贸易保护主义理论的实质是利用新的国际形势，借用各种所谓"合理""合法"的手段，保护西方发达国家在传统贸易产品上日益衰退的国际竞争力，达到保护本国就业、维持其在国际分工与国际交换中的支配地位的目的。[①]

通过以上经济全球化弊端观点的述评，我们可以做如下总结：反经济全球化就是对经济全球化发展现状的不满，是对其带来的不良后果的担忧。经济全球化与反经济全球化是一个问题的两个方面。对经济全球化来说，反经济全球化就像一面镜子，将它的各种负面影响和弊端及时地映照出来。它向世界昭示：我们所赞成的经济全球化是消除贫富分化的经济全球化，拥护的是消除不平等现象的经济全球化，需要的是实现各种民族、各种文化走上长期共存共荣发展道路的经济全球化。它使得经济全球化的主要推动者在继续推进经济全球化的同时，也不得不关注和解决反全球化运动所提出的种种抗议和要求。从这一点可以说，反经济全球化是经济全球化的动力。

---

① 吴志鹏，方伟珠，陈时兴. 经济全球化理论流派回顾与评价[J]. 当代经济研究，2003（1）：15—21.

2. 马克思主义的经济全球化思想

马克思恩格斯在《共产党宣言》中很明确地提出经济全球化的思想："资产阶级，由于开拓了世界市场，使一切国家的生产和消费都成为世界性的了。"初步阐释了资本主义全球化趋势的二重性问题。一方面，资本主义在利益驱动下，客观上推动了社会生产力发展的历史进程，为人的全面而自由的发展创造了前提条件。另一方面，资本主义的全球化，造成一种盲目的、异己的力量，使无产阶级和落后国家"陷入绝境"，因此"无产阶级只有解放全人类，才能最终解放自己"。它为人类将如何面对其共同命运指明了一个最终的方向。《共产党宣言》是马克思主义经济全球化思想很重要的理论来源之一。以人类命运共同体思想构建社会主义主导的经济全球化，是对资本主义经济全球化道路的历史性超越，是对马克思主义经济全球化思想的继承和发展。

马克思主义经济全球化思想最大的特点是揭示了资本主义主导的经济全球化的两重性，从生产力方面肯定资本主义生产方式带来经济全球化的历史进步，从生产关系方面揭示资本主义主导的全球化的不平等性。

（1）马克思主义经典作家关于经济全球化的思想

通过梳理马克思、恩格斯等马克思主义经典作家的全球化思想可以发现，他们虽然没有在其著作中直接提及全球化的概念，但是无论从思想理论上还是从历史发展脉络中都可以发现并印证他们对这一问题的论述。马克思、恩格斯之所以能够揭示世界历史和全球化发展的历史必然，是因为他们不同于一般意义上的哲学家，他们不单是为了解释世界，更在于改变世界，为人类由必然王国向自由王国飞跃提供思想指引。

马克思、恩格斯等马克思主义经典作家的全球化思想力求从历史发展规律的高度来研究全球化，从历史观角度和整体性视角综合地予以探析并把全球化的研究和制度分析结合起来，这与大多数西方学者离开社会制度抽象、一般、单一地谈论全球化有本质区别。马克思、恩格斯所谈论的全球化是与当时资本主义制度紧密联系的，他们将其放置在具体的历史条件下进行全面、整体的考察，因为全球化毕竟是资本主义不断发展的产物。马克思通过对资本主义生产方式的考察，深刻洞察民族历史向世界历史转变的大趋势。他在《〈政治经济学批判〉导言》中坦陈自己研究经济问题的最初动因是"关于自由贸易和保护关税的辩论"，从早期研究英国、德国、法国等西欧国家到研究美国、印度以及东方社会，他的研究没有局限于单独的国家个体，而是具有全球性视野，因为资本主义扩张不单是生产力层面的扩张，也是生产关系层面的扩张，不断地扩张和占领世界市场是资本主义发展的基本特征，是资本追逐剩余价值这一本质的体现，是资产阶级维护统治的必然。

在"经济全球化"概念诞生以前，马克思就已对经济全球化进行了较系统阐述，他在《共产党宣言》中运用唯物史观，沿着生产力与生产关系矛盾运动发展的脉络，揭示了资本主义生产方式加速生产力往前发展的同时，也加速全球化时代的到来，指出"资产阶级，由于开拓了世界市场，使一切国家的生产和消费都成为世界性的了"。[①] 从理论上最早探讨经济全球化问题的是马克思主义创始人。马克思讨论经济全球化问题虽未使用"经济全球化"的概念和表达，但其经济全球化思想却当之无愧为现当代探讨经济全球化问题的历史渊源和理论基础。

经济全球化从本源上而言并不是生产方式一体化，更不是资本主义化，而应该是世界交往方式的一体化。不同地域、不同国家、不同民族在其特殊环境下形成的生产方式必然是不同的，有着其特殊的民族、历史及文化背景。但是，要想融入世界经济体系，从更广泛的意义上成为

---

① 中共中央马克思恩格斯列宁斯大林著作编译局. 马克思恩格斯文集：第1卷[M]. 北京：人民出版社，2009：35.

世界经济的参与者，就必须遵循世界普遍的交往方式，即以市场交换为基础的世界交往原则。经济全球化以世界交往方式的改变，使人们联为一体。

马克思经济全球化思想有着丰富的内容。马克思未曾提出"经济全球化"的概念，但在《德意志意识形态》《共产党宣言》《资本论》及其手稿中反复提到一系列的相关概念，从而形成马克思主义关于经济全球化思想的话语体系，揭示了资本主义社会发展的基本规律，揭露了资本主义生产方式所具有的全球扩张的本质及其内在矛盾运动。

马克思创设了"世界历史""世界市场""世界生产""全球的生产"的内涵，提出"世界历史"的形成是以开拓"世界市场"为手段的。"随着美洲和通往东印度的航线的发现，交往扩大了，工厂手工业和整个生产运动有了巨大的发展……冒险的远征，殖民地的开拓，首先是当时市场已经可能扩大为而且日益扩大为世界市场"。①另外，他也较多地使用了"全球的""全面的""普遍的""世界历史性的""世界历史意义""全面的依存关系"等概念。马克思构建的经济全球化话语体系，为论证经济全球化的本质、动力、原因、发展途径等提供了基本前提。

第一，描绘了经济全球化形成的世界图景。马克思借鉴了近代历史哲学、法国空想社会主义以及德国古典哲学的某些观点、内容和提法，创立了其以世界历史观为背景的经济全球化内容体系。1845年马克思在《德意志意识形态》中首次提到"世界历史"思想，无疑是其经济全球化思想中最重要的概念之一，并且马克思所提到的"世界历史"并不是孤立的名词和现象，而是和共产主义的伟大理想和信念紧密结合在一起的。到了现代，工业资本则成了"私有财产的完成了的客观形式"，即典型的形式，

---

① 中共中央马克思恩格斯列宁斯大林著作编译局. 马克思恩格斯文集：第1卷[M]. 北京：人民出版社，2009：562.

"只有这时私有财产才能完成它对人的统治，并以最普遍的形式成为世界历史的力量"。①马克思从异化劳动理论出发，阐述了"世界历史"概念内涵及外延，揭示了最基本的经济规律对世界发展的作用，找到了世界历史的真实联系，即社会生活的深层领域——经济领域。

第二，揭示了经济全球化的根本动力。经济全球化的根本动力是生产力的发展，"世界市场"的出现、"世界历史"的形成以及"世界精神"的一致都是技术革命和生产力发展的结果。在阐述世界历史展开的历史逻辑之时，起点即是生产的发展。随着生产力发展，生产方式变革，分工成为必然，分工的不断扩大和深化使世界各民族、各地区产生了交往的需要。资本主义以其大工业"首次开创了世界历史，因为它使每个文明国家一级这些国家中的每一个人的需要的满足都依赖于整个世界，因为它消灭了各国以往自然形成的闭关自守的状态"。②各个民族和地区相互之间的依赖关系得以形成并维持，尤其是它们之间的经济依赖关系越来越密切，谁也离不开谁，从而使世界历史的画面依次展开。

第三，揭露了经济全球化追求的深层动因。在构建世界历史的进程中，资本扩张充当了极其重要的一个角色，它不仅是资本家促成经济全球化局面的起因，也是经济全球化进程的立足点，更是在经济全球化过程中一以贯之的主线，还是经济全球化的落脚点。资本"一方面要力求摧毁交往即交换的一切地方限制，夺得整个地球作为它的市场；另一方面，它又力求用时间去消灭空间，就是说，把商品从一个地方转移到另一个地方所花费的时间缩减到最低程度。资本越发展……也就越是力求在空间上更加

---

① 中共中央马克思恩格斯列宁斯大林著作编译局. 马克思恩格斯全集：第42卷 [M]. 北京：人民出版社，1995：115.

② 中共中央马克思恩格斯列宁斯大林著作编译局. 马克思恩格斯文集：第1卷[M]. 北京：人民出版社，2009：566.

扩大市场，力求用时间去更多地消灭空间"。①我们得知，以资本扩张为主线，资本主义大工业开创了世界历史，资本的增值使资本主义生产方式成为世界的主导生产方式。一切源于资本扩张，一切归于资本扩张。

第四，阐明了经济全球化固有的发展途径。交往是人类的生存方式之一，物质交往和精神交往是其两大基本方面。马克思所言之交往主要是指在生产力发展和社会分工基础上的交往，是与生产相对应的概念。世界范围内的经济全球化是通过"扩大交往"实现的。生产发展引发了社会分工，社会分工越来越细致，就带来了产品的交换，产品交换的发展必然产生资本，而追逐资本是资本家的本性，因此资本家通过扩大交往，把资本带到世界各地，大工业就实现了世界市场。"不断扩大产品销路的需要，驱使资产阶级奔走于全球各地。它必须到处落户，到处开发，到处建立联系"。②只有形成全世界的普遍交往，才能使人类的生产力和文明成果得以保存，打破各民族、各国家的封闭状态，从而实现马克思的伟大命题，即历史由民族历史向世界历史转变。

马克思、恩格斯等马克思主义经典作家认为，世界历史的形成为共产主义实现提供了基本条件。共产主义无论是作为一种思想体系、社会运动还是社会制度，本质上都具有全球性，不是一个国家或者地区的，不是一个阶级或阶层的，是属于全人类的。先天下之忧而忧，后天下之乐而乐，无产阶级也只有解放了全人类，才能最后解放自己。

具体到中国新全球化方案的研究，本书认为，马克思、恩格斯等马克思主义经典作家的全球化思想给我们的另一重要启示是如何正确认识和把握不同国家在各自发展阶段的不同"国情"？首先，不能脱离本国实际，

---

① 中共中央马克思恩格斯列宁斯大林著作编译局. 马克思恩格斯全集：第30卷[M]. 北京：人民出版社，1995：538.

② 中共中央马克思恩格斯列宁斯大林著作编译局. 马克思恩格斯文集：第2卷[M]. 北京：人民出版社，2009：35.

因为离开本国实际谈发展、谈全球化没有实际意义，不管全球化的程度有多高，它总是不能离开和取代各主权国家地位以及自身的发展。相反地，也不能完全抛开世界历史和全球化的大背景单一讨论国情，因为全球化越是深入发展，纷繁复杂的外部世界就越来越成为"国情"须臾不可分离的组成部分，成为一国处理国内和国际事务不得不考虑的重要变量。生活在全球化兴起时期的马克思主义经典作家不愧为全球化思想理论的伟大先驱，他们娴熟地运用唯物辩证法的原理和方法论，站在实现人类解放的高度高屋建瓴般透析着全球化这一宏大的历史现象，为全球化发展和当下应对逆全球化提供了理论依据，也为后人更进一步地研究注入了源头活水，奠定了坚实而厚重的基础。

（2）中国化马克思主义的全球化思想

时代是思想之母，实践是理论之源。世界历史的发展证明了马克思主义全球化思想是指引全球化发展和应对逆全球化态势的正确理论，以毛泽东、邓小平、江泽民、胡锦涛、习近平为主要代表的中国共产党人在党和国家发展的不同时期不同阶段始终深入思考着全球化的理论与实践问题。他们的全球化思想理论创新过程既是一个不断掌握和运用马克思主义全球化思想理论的过程，又是一个不断结合中国具体国情和革命、建设、改革等不同阶段实践规律的过程，更是一个在全球化历史变革中总结完善我国融入全球化的历史经验和不断推进具有中国特色、中国风格的全球化理论创新的过程。

第一，毛泽东"三个世界"划分理论。毛泽东同志虽然没有撰写过关于全球化的专著或者直接使用全球化这一名词，但毛泽东同志直接运用马克思主义的理论来分析和解决中国的实际问题，并在实践中逐步形成了自己的全球化理论。早在大革命时期，毛泽东同志就提出了"中国革命是世界革命的一部分"这一重大命题。中华人民共和国成立后，通过对外援助的形式和一些与我国友好的国家开展经济技术往来。20世纪70年代初，面对波谲云诡的世界形势，毛泽东同志认为处于相对劣势的国家一方面要主动实行对外开放，通过跨越式发展来赶超现代化强国，另一方面要避免在西方资本主义国家力量占主导的全球化运动中被边缘化和附庸化。为此，他提出了著名的"三个世界"划分理论，认为苏联、美国两个超级大国属于第一世界，它们具有最强的经济和军事力量；包括社会主义中国在内的整个亚（日本除外）、非、拉美和其他地区的发展中国家属于第三世界；处于这两者之间的发达国家，如欧洲、日本等属于第二世界。这就确立了中国当时的国际战略——依靠第三世界、团结具有中间派的第二世界、孤立和打击最主要敌人，即所谓的第一世界。1974年4月，邓小平同志率中国代表团出席联合国大会第六届特别会议，并在大会上发言阐述了毛泽东同志关于"三个世界"划分的理论，引起了世界各国的广泛关注。以"三个世界"划分为代表的全球化理论是毛泽东同志在领导中国革命和社会主义建设过程中取得的重要成果，是对马克思主义的继承和发展，这一理论成果也为中国后来的改革开放事业奠定了基础。

第二，改革开放初期积极利用经济全球化的思想。党的十一届三中全会后，邓小平同志继承、发展了毛泽东同志的"三个世界"划分理论，并明确指出："现在世界上真正大的问题，带全球性的战略问题，一个是和平问题，一个是经济问题或者说是发展问题。和平问题是东西问题，发展问题是南北问题。概括起来，就是东西南北四个字。"[①]"现在世界上的问题很多"，但有一个突出的问题："发达国家越来越富，相对的是发展中国家越来越穷。"[②]邓小平同志的这一论断阐明了经济全球化对于发展中国家的负面效应。伴随着经济全球化深入发展，在发达国家与发展中国家

---

① 中共中央文献编辑委员会. 邓小平文选：第三卷[M]. 北京：人民出版社，1993：105.
② 中共中央文献编辑委员会. 邓小平文选：第三卷[M]. 北京：人民出版社，1993：106.

之间，贫富分化的"马太效应"加剧了不平等。众所周知，一个国家内部贫富差距过大是导致该国社会不稳定的重要因素之一，而国际贫富差距过大，则会成为全球不稳定的重要根源。解决全球贫富差距扩大问题，邓小平同志认为关键是不仅靠"南北对话"，更要"加强第三世界国家之间的合作，也就是南南合作"①，根本的还在于改变国际经济秩序，建立国际经济新秩序。因此，广大发展中国家一定要联合起来，在国际规则制定过程中拥有更多"话语权"，尽快建立有利于全球稳定、持续、协调发展的国际经济新秩序，最大限度地在经济全球化进程中维护自身的合理、正当利益，减少经济全球化可能带来的负面效应。事实上，邓小平同志领导我们进行的改革开放伟大实践在一定程度上本身就是其全球化理论最重要的运用。

党的十三届四中全会后，以江泽民同志为主要代表的中国共产党人继续发展着马克思主义全球化理论。江泽民同志认为世界同宇宙一样，是丰富多彩而非单调的，每个国家和民族都不同程度地为人类的进步和发展事业做出了自己的贡献，因而整个世界也是充满活力的。2000年11月，江泽民同志在出席亚太经合组织第八次领导人非正式会议时强调，经济全球化大大增加了全球经济运行风险，给处于相对弱势地位的广大发展中国家特别是最不发达国家的主权和安全带来了新挑战，南方国家和北方国家之间的贫富差距也持续拉大，即便是在西方资本主义发达国家内部，由于高新技术的普遍采用而出现的经济结构性变化，也触及相当数量的工人和底层民众的利益，甚至使其利益严重受损。一些国家还乘全球化之机，向别国"灌输"自己的"普世价值"、经济体制和社会制度。假如这些问题没有得到很好解决，经济全球化就不可能持续、健康发展。因此，彻底解决当今世界经济发展面临的种种问题，充分考虑"弱者"利益，最终有赖于建

---

① 中共中央文献编辑委员会. 邓小平文选：第三卷[M]. 北京：人民出版社，1993：20.

立一个公正合理的国际经济新秩序。江泽民同志还积极支持区域一体化建设，参与并推动了上海合作组织、中国与东盟（10+1合作机制）等双多边合作机制的建立与完善。特别值得一提的是，2001年12月，中国经过15年艰苦谈判加入了WTO，这是中国在实践层面契合全球化进程的又一重大举措。

党的十六大后，以胡锦涛同志为主要代表的中国共产党人，提出树立和落实科学发展观。科学发展观是在借鉴国内外发展经验的基础上提出来的，体现了关于发展的全球化视野，是以全球化眼光谋求发展的和谐、和平的发展观，它要求矫正西方资本主义国家主导的全球化模式的弊端，建设和谐世界。胡锦涛同志认为，求和平、谋发展、促合作，已经成为不可阻挡的时代潮流，国际社会要"努力建设一个持久和平、共同繁荣的和谐世界"。①胡锦涛同志还认为发展中国家在全球化进程中的作用不容小觑，广大发展中国家应树立责任意识，以统筹兼顾为根本方法，携手应对全球性挑战。党的十七大报告指出，包括中国在内的世界各国应该"经济上相互合作、优势互补，共同推动经济全球化朝着均衡、普惠、共赢方向发展"。②可以说，胡锦涛同志以"和谐世界"为代表的全球化主张与时俱进地丰富和发展了马克思主义的全球化理论。

第三，新时代构建人类命运共同体的新全球化思想。党的十八大以来，身处百年未有之大变局的伟大时代，"没有哪个国家能够独自应对人类面临的各种挑战，也没有哪个国家能够退回到自我封闭的孤岛"。③世界那么大，问题那么多，国际社会期待听到中国声音、看到中国方案，中国不能缺席。以习近平同志为主要代表的中国共产党人，运用唯物主义方

---

① 中共中央文献编辑委员会. 胡锦涛文选：第二卷[M]. 北京：人民出版社，2016：356.
② 中共中央文献编辑委员会. 胡锦涛文选：第二卷[M]. 北京：人民出版社，2016：650.
③ 习近平. 决胜全面建成小康社会夺取新时代中国特色社会主义伟大胜利——在中国共产党第十九次全国代表大会上的报告[M]. 北京：人民出版社，2017：58.

法论，从历史和现实相贯通、理论与实践相结合、国内和国际相关联的站位上深入思考并回答了"世界怎么了，我们怎么办"这一根本问题，主动发挥负责任大国作用，推动建设合作共赢的新型国际关系，秉持共商共建共享的全球治理观，积极参与解决各类重大国际和地区问题，积极参与全球治理体系改革和建设，知行合一，坚定支持多边体系和开放型世界经济发展，推动经济全球化朝着更加开放、包容、平衡、普惠、共赢的方向发展，贯通经济、政治、文化等多个领域，站在道义制高点上创造性地提出了构建人类命运共同体这一具有开阔格局、世界情怀的思想主张和面向全球的"一带一路"倡议，体现了中国责任、中国使命、中国担当，贡献着中国智慧、中国力量、中国方案。同时，中国主办了二十国集团杭州峰会和两次"一带一路"国际合作高峰论坛，并在2018年的国务院机构改革中首次组建中华人民共和国国际发展合作署作为国务院直属机构，以实际行动更好协调、促进国际发展与合作。

2020年，习近平总书记站在世界经济深度衰退，全球产业链、供应链遭受冲击，治理赤字、信任赤字、发展赤字、和平赤字扩大，单边主义、保护主义、霸凌行径上升，世界经济中的风险和不确定性因素增多的大背景下提出了推动中国开放型经济向更高层次发展，充分发挥中国自身超大规模市场优势和内需潜力，构建开放的、相互促进的国内国际双循环相互促进的新发展格局，并在此基础上积极参与国际分工，有效融入全球产业链、供应链、价值链，主动扩大对外交流合作的重大战略主张。

在习近平新时代中国特色社会主义思想指引下，党中央正带领全国各族人民为实现第二个百年奋斗目标而不懈努力，相信中国会继续根据实践的发展变化不断充实新时代中国特色的全球化理论，向世界提供更多带有中国印记的公共产品，为全人类共同利益的实现贡献更大的力量。

三、全球化的回头浪：逆全球化历史回顾

纵观世界经济发展的历史，经济全球化经历了两个高潮期和两个中断期，除却战争年代，中断期主要指逆全球化时期。逆全球化事实上孕育在两次经济全球化的高潮过程中。后者在创造了大量的利益获得者的同时，也累积了相当多的利益受损者，导致利益格局的变化和国际格局的变迁。最终导致了经济全球化的调整乃至中断。顺应反对全球化的"民意"的竞选者上台，使汹涌的民粹主义浪潮最终落地为逆全球化的政策和行为。

1. 国际格局的变化与第一次逆经济全球化

历史学家们将经济全球化的发端定在1492年哥伦布发现美洲新大陆，因为，随着跨越欧亚大陆与美洲大陆的连接，开始有了真正意义上的世界市场和国际贸易。经济学家们定义经济全球化的标准更严格，在杰弗里·威廉森的分析中，1820年国际贸易大宗商品价格在国际市场比较接近，欧洲各国及至跨大西洋商品价格差不足30%。据凯文·奥罗克和杰弗里·威廉森统计，1840—1901年世界运输价格下降了70%，由此促进了大西洋两岸国际贸易的崛起和工业革命的进一步延伸。[①]再加上以金本位为主体的国际货币制度的建立，为国际贸易的大发展带来了重要的金融制度。贸易的参加者突破了各国货币的限制，进入了一个由国际货币制度为依托的国际贸易发展时期，而强大的英国海军有效地维护着国际贸易的安全畅通。

伴随着经济全球化，处于经济核心地位的国家从中获得巨大利益，同时，新兴的工业化经济体迅速崛起。比较典型的国家是当时的阿根廷、德国和日本，它们既实现了自身的崛起，又为中心国家英国、法国等创造了新的商品销售市场。

---

① J.G.Williamson. Globalization，convergence and history[R]. NBER Working Paper，No. 5259. 1995.

新古典国际贸易理论的代表人物伊莱·赫克歇尔、贝蒂尔·奥林指出，国际贸易不仅使商品的价格趋向均等化，还带来各国要素价格的均等化。根据杰弗里·威廉森的分析，1870年以后的21年间，美国与英国之间商品价格的均等化能够解释30%的要素价格均等化，能够解释1870年以后40年间美国和瑞典10%的工资水平均等化。凯文·奥罗克、杰弗里·威廉森的研究表明，欧洲大陆和美洲新世界的商品价格趋同能够解释它们之间25%的工资—租金比趋同。①因而，经济全球化朝着有助于各国福利水平提高的方向发展。

然而，第一次经济全球化的高潮被打断，根源在于经济全球化带来了新的竞争者，经济发展的不平衡使德国的国际市场空间明显不足，大量的产品找不到销售渠道，产业工人大量失业，最终推动了德国以战争为手段，重新划分世界市场，从而中断了经济全球化的进程，特别是国际贸易迅速发展的进程。在第一次世界大战后的恢复期，各国为保护自己的市场，相继采取了"以邻为壑"的贸易政策，它们竞相提高自己的进口关税水平，使各国的产品市场被压缩在狭小的范围内。这种供给扩张与需求有限，即市场有限的矛盾导致了1929—1933年的资本主义世界的经济危机，而危机后的恢复过程又成为各国保护自己市场的理由。如果说，此前出现的各国政策调整只是经济全球化过程的调整，那么，由于经济恢复期明显的发展不平衡，又使德国、日本走上了靠发动战争解决市场问题的轨道，大规模摧毁经济财富的第二次世界大战，使经济全球化过程陷入停滞，甚至是倒退。

引发逆全球化浪潮的正是经济全球化原先的倡导者和推动者。1931年，作为大西洋贸易枢纽的英国，宣布终结英镑金本位制度，服务全球

---

① J.G.Williamson. When did globalization?[R]. NBER Working Paper, No. 7632. 2000.

化的金融秩序崩溃，货币战与贸易战拉开序幕。1933年，美国宣布放弃与英、法签署双边汇率协定，大幅贬值美元并提升进口关税。从政府层面看，同一年，罗斯福政府以"美国复苏优先"为竞选纲领入主白宫。这些倡导者迎合了经济全球化反对者的要求，强调自身利益，使逆全球化成为一种合法的政策选择，并表现为一国，乃至各国竞相采取的政策。这种以自身利益为中心的，以邻为壑的贸易政策的实施，终于导致了强制性重新瓜分市场的第二次世界大战的爆发。全球化中所创造的财富被逆全球化的行动所摧毁。

2. 国际格局再次改变与第二次逆全球化

学者们比较一致的观点是，第二次经济全球化浪潮始于1950年。战争尚未完全结束，在汲取两次世界大战经济恢复中贸易战、金融秩序混乱、以邻为壑贸易政策盛行教训的基础上，各主要国家开始着手战后国际经济秩序的建设，希望通过建立国际货币基金组织和世界银行、国际贸易组织、联合国等机构，培育一个各国可以和平解决争端、平衡贸易收支、解决国际收支不平衡，进而可能避免以邻为壑的利己主义政策滋生的土壤，为战后世界经济的恢复和发展创造良好的制度环境。布雷顿森林体系的建立，为战后国际金融秩序的形成奠定了良好的基础；关税与贸易总协定推动了全球贸易的自由化，世界银行的建立为发展中国家在内部缺乏资金的情况下发展经济提供了外部支持。总之，在全球经济秩序的设计者那里，愿景是秩序建立后处于不同发展水平的国家将生活在共同繁荣的制度环境之下。

现实也是如此，大西洋两岸的贸易和生产迅速恢复和发展，太平洋沿岸贸易和投资也在实现迅速的赶超，形成了"亚洲四小龙"、日本，随后是中国经济贸易的发展，形成了包括新兴市场经济体在内的全球生产价值链。其中，国际经济秩序的规范和运行起到非常重要的作用。据世界银行统计数据显示，1950—1970年国际商品市场的障碍大幅度减少，世界贸易组织中发达经济体的平均进口关税水平从40%降低到5%；生产过程全球化迅速发展。全球价值链贸易占据重要地位，达到贸易总值的40%—60%。跨国公司按照要素禀赋优势将生产过程分布于世界各地，实现了特定商品生产成本和价格的绝对优势。外国直接投资（FDI）几乎被所有经济体欢迎，直接资本流动的障碍大幅度减少，大量的资金或间接资本流向能够高效调动资本的经济体。国际贸易的增长率以两倍于全球经济增长率的速度迅速发展。

然而，在此次经济全球化形成过程中，人口迁移成为各经济体的敏感问题。特别是当资本流动可以代替商品流动的情况下，跨国公司更是回避各经济体可能的敏感问题，按照各经济体生产过程的特点和具有比较优势的环节的领域，将生产过程分布到全球各个地方，形成了全球价值链。

2008年的金融危机打断了经济全球化进一步延展的进程。金融危机爆发以后，接下来就是国际贸易信用体系的中断，各经济体对外贸易断崖式下滑。受金融危机影响，2009年全球贸易急剧萎缩，世界进出口总额大跌21%，中国也经历了加入WTO以来首次出口负增长。这场波及全球的贸易萎缩被称为"全球贸易崩溃"。

金融危机及其国际贸易额的大幅度下滑使各经济体经济总量呈现出负增长。尽管各经济体一起努力，遏制了更加严峻形势的出现，但是此后仍出现了长达8年的经济增长低迷状态。虽然最近两年各经济体经济有所恢复。但是，在经济恢复的脆弱期，各经济体为保证这种恢复的势头，大多采取了保护本国（地区）市场的政策。美国总统特朗普执政以来，推行了一系列"美国优先"的政策。自2018年开始，美国从贸易、投资、金融、知识产权保护、服务贸易等多个方面与主要贸易伙伴展开对抗，发起了以国际经济保护主义为特征的战略性贸易战。其特征是以商品贸易战为先导，通过有计划、有预谋的战略规划实施，为本国在国际经济交往中获取最大限度的利益，进而改变国际经济规则，强调以平衡贸易作为所有贸易活动的落脚点，而非比较优势原则下的自由贸易。

我们看到，经济全球化和逆全球化交替的情形。第一次全球化的中断开始于1913年，随后是长达32年的调整期。第二次全球化的高潮是在国际经济秩序基本建立起来以后的1950年，接下来的经济全球化过程到2008年以国际贸易规模"断崖式"下降为标志被迫中断，随后是为了恢复可能长期低迷的经济增长的国际经济保护主义的启动。

在第二次逆经济全球化的过程中，政府的作用更加明显。2009年，美国启动量化宽松，美元连续5年贬值。欧盟、日本跟进，相继出台了它们的量化宽松的货币政策。2016年6月，英国通过脱欧公投，重创欧洲一体化进程。2017年，特朗普政府以"美国优先"为旗帜入主白宫，退出TPP和FTA重新谈判、退出巴黎气候协定、退出伊朗核协议，对欧盟、日本、中国甚至北美自由贸易协定的成员国加拿大和墨西哥采取征收高额惩罚性进口关税，发动贸易战，增加移民审查及边境调节措施等带有浓厚贸易保护主义色彩的措施。

3. 经济全球化进程中的各损益方

当学者们从1995年开始研究经济全球化对世界经济的影响时，他们中的大多数人都认为，经济全球化将给所有的参加者带来经济利益，而引领经济全球化的经济体会得到更多的优势。因此，似乎全世界所有支持和参与全球化的经济体是一家，代表了经济的乃至政治的选择或发展方向。伴随研究的深入，他们对收入分配——主要是全球化对各经济体之间的收入分配和参加经济全球化经济体内部各利益集团收入分配展开深入研究发现，这种全球化在所有参加国（地区）比不参加的国家（地区）获得更多利益的同时，在各个参加国（地区）内部，不同要素所有者所受到的影响会明显不同。在这一点上，似乎又重复了第一次经济全球化被打断的利益损益格局。

20世纪20年代，西欧地主阶级因来自新大陆的农产品而遭受沉重的经济冲击，保护主义运动率先兴起于原本大西洋自由贸易的发起方（德国、法国、意大利和瑞典）。关税和配额的快速增加补贴了西欧的土地所有者及部分工业从业者，在一定程度上平衡了利益受损者的利益，执政党得到了人们的拥护。在美国，对持续快速涌入的欧洲移民的抵制力量在不断累积。对此，美国国会通过了限制移民的1921年《紧急配额法》和1924年《约翰逊-里德法》，以便维护就业机会，保障本国居民的就业。大西洋两岸不约而同地走向了抵制赫克歇尔-俄林分工的道路。由此可见，逆全球化不仅仅是一个贸易问题，更多的是贸易背后的要素所有者利益分配或平衡问题。

在第二轮经济全球化浪潮中，生产的全球化使资本要素的利益在全球范围内得到极大的延伸，其获取全球绝对要素优势的诉求得到实现。资本依据边际产出以外国直接投资和对外间接投资（FII）的形式与全球市场相融合，全球价值链和分工塑造过程带来就业机会的转移。然而，劳动力要素与资本要素在全球化中的收益极不对称，高收入阶层在全球化过程中收入提升更快导致的代际流动性下滑与收入不平等的加剧，都成为全球化政策的持续阻力。

1979年美国制造业就业达到峰值（1943万人），此后持续下降，2000年为1727万人，2010年最低为1153万人，2016年恢复至1235万人。制造业就业在总就业中的占比持续下滑，由1943年最高的38.7%下降到2016年年底的8.4%。很多学者认为，来自中国制造业产品进口的持续攀升是造成美国制造业就业大幅下滑的重要原因。[1][2]

---

① Chetty, R.et al. The fading American Dream: Trends in absolute income mobility since1994[J]. Science, 2017, 356（6336）: 398–406.

② Dorn, D.et al. The fall of the labor share and the rise of superstar firms[J]. LSE Research Online Documentson Economics, 2017, No. 83616.

在第二次全球化浪潮中，美国代际收入水平的流动性严重下滑。1940—2014年处于30岁的劳动者收入超过其父母（同为30岁时）的比例，从90%跌落到了41%。下滑最剧烈的恰是中产阶层（社会收入排位于30%—70%）。高收入阶层（社会前10%）的子女收入超过父母的比例则稳定维持在高位。[①] Chetty，R.et al指出，收入在代际间下滑的主要原因并非一国经济增长速度的减缓，而是收入差距的扩大。由于全球化的福利在同龄人中的分配集中于高收入群体，因而整体经济的增速提升并不能缓解总劳动人口代际收入的下滑，而这些群体也成为对全球化不满的主要力量来源。

在两次全球化的高潮期都伴随着收入不平等的加剧，而第一次全球化的退潮期出现了伴随经济全球化的发展国际资金大幅流向美国等发达经济体，但大量资金滞留在美国的同时，也带来了金融创新并寻求高额利润的动力和压力。金融产品在市场上的逐步积累乃至过剩；孕育了金融危机。危机的爆发成为牵动全球经济的冲击波。应该特别强调的是，经济全球化推动了经济收益或收入向资本所有者转移和集中，向金融乃至高级服务部门"白领"集中。相对而言，劳动力所有者，特别是那些因为跨国公司迁移到国外而丧失工作的制造业工人，对经济全球化是痛恨的。对他们而言，如果政府不能解决其就业乃至收入保障问题，那么他们宁可换一个政府。当持有这种观点的人们变成该社会中的多数时，选票就成了选择经济全球化还是逆全球化的决定性力量。这种受损方力量的积累孕育于经济全球化的进程之中。

---

① Chetty，R.et al. The fading American Dream：Trends in absolute income mobility since1994[J]. Science，2017，356（6336）：398–406.

第三章 逆全球化的表现、产生原因及危害

一、逆全球化的表现

1. 经济上的保护主义

近年来保护主义不断抬头。首先，不少发达国家实施保护主义的领域已经从以往的传统商品贸易领域扩展到了中高端产品领域，特别是投资领域。西方资本主义发达国家对跨国并购导致的资本外流和可能带来的就业风险，采取了不同程度的管制措施。比如，近几年美国政府打着"美国优先"旗号威胁本国企业减少甚至撤走在中国的投资。其次，发达国家实施保护主义的举措已经由传统的关税和非关税壁垒升级为动辄挥舞知识产权"大棒"和采取其他更加隐蔽的措施。例如，中美在贸易摩擦过程中，美国无视中国在知识产权保护方面做出的巨大努力和持续向好的知识产权保护形势，污蔑中国"窃取"知识产权，指责中国"强制"美国企业转让技术，破坏了全球产业链和供应链；另外，发达国家还通过"促进"国内就业和引导制造业回流实施贸易保护。事实上，伴随着制造业不断外移，西方资本主义发达国家的工业制造业在利益驱动下向劳动力更为低廉的发展中国家转移是符合经济规律的客观现象。但这种转移导致西方资本主义发达经济体内部出现了缺乏制造业支撑的产业空心化现象，进而促使他们采取一系列吸引制造业回流的政策举措，解决产业结构失衡和应对失业人口等现实问题。

目前，受新冠肺炎疫情影响，世界主要经济体增速呈现同步放缓的态势。2020年，美国GDP总量约为20.93万亿美元，对比上一年度（2019年度）缩减了5000亿美元左右，同比实际下降3.5%，自2009年以来首次出现萎缩，也是1946年以来最大跌幅。与此同时，欧盟统计局2021年2月2日发布的初步数据显示，2020年欧盟（27国）的GDP减少了6.4%；处于欧盟内部经济龙头地位的德国，2020年GDP总量同比实际下降5.0%。全球经济增长动能进一步减弱。2021年1月25日发布的《2021年世界经济形势与展望》报告指出，在新冠肺炎全球大流行背景下，世界经济遭受严重冲击，面临20世纪30年代经济大萧条以来最为严重的经济危机。2020年全球经济产出下降4.3%，为经济大萧条以来最为显著的萎缩。相比而言，2009年全球金融危机期间，全球经济产出仅下降1.7%。而现实情况也如联合国年初的预测一致：世界贸易组织2021年2月发布的《货物贸易晴雨表》报告显示，2020年第四季度全球货物贸易持续反弹，但反弹趋势在2021年第一季度或将无法维持。另外，世界贸易组织2021年4月初发布的《贸易统计及展望》报告也指出，在经历了新冠肺炎疫情全球大流行的剧烈冲击后，全球贸易将迎来较为强劲但不均衡的复苏，贸易增长依旧乏力。在保护主义抬头和西方资本主义发达国家投资审查愈发严苛的大环境下，全球范围内的外国直接投资不断减少。联合国贸易和发展会议2020年6月发布的《2020年世界投资报告》指出，受美国贸易保护主义政策和新冠肺炎疫情全球大流行的影响，预计2020年全球外国直接投资将急剧减少40%，低于2019年的1.54万亿美元，达到近20年来的最低水平，发展中经济体的外国直接投资降幅最大；联合国贸易和发展会议发布的《全球投资趋势监测报告》显示，受新冠疫情影响，2020年全球外国直接投资总额约为8590亿美元，与2019年相比缩水42%。尽管联合国贸易和发展会议预估今年的全球直接投资将有一定程度回暖，但是从总体上看依然维持疲软的态势，复苏前景不明。

上述数据资料表明，全球贸易和投资缺乏新的增长动力，以邻为壑的保护主义不得人心，新冠肺炎疫情全球大流行让本已扑朔迷离的经济形势雪上加霜，全球化进程严重受阻。

2. 政治上的孤立与保守

近年来，全球政治领域"黑天鹅"事件频发，最典型的莫过于英国脱欧和美国总统特朗普上台。

从2016年6月以51.9%（脱欧）对48.1%（留欧）的投票结果正式启动脱欧程序，到欧盟峰会根据英国的提议设定其在2020年1月31日离开欧盟的最终日期，都可以反映出有着"光荣孤立"传统的英国重回保守主义。事实上，脱欧的结果确实出乎很多人意料，因为主流观点认为英国人会做出一个理性的选择，认为英国留在欧盟好处很多，不能把英国国内的一些问题归罪于欧盟，不能让欧盟扮演"替罪羊"角色。对于这一投票结果，全球主要股指当日以大幅下跌做出了回应，这也说明英国脱欧的超预期性，而更大的风险在于逆全球化的超预期性，在于孤立和保守主义的超预期性。脱欧严重打击了主流政治精英们设计的欧洲一体化进程，脱欧对英国也是"灾难"性的，短期看也许利大于弊，会让英国减少对欧盟的支出，暂时避开欧洲的难民政策，重新获得与世界主要经济体重谈贸易投资等经济协定的机会，但它失去的或将是长远利益。几近于1∶1的尴尬公投结果能代表英国主流民意吗？也许只是更深程度地撕裂英国乃至欧洲社会。

特朗普参选并就任美国总统后，为了迎合一些底层选民带有民粹性质的反全球化浪潮，为了"让美国再次伟大"，在政治上采取了诸如修筑美墨边境墙、频频退出各种国际组织或国际协定等一系列逆全球化举措。从某种程度上说，近年来美国外部的霸权衰落比美国国内的问题更为显著，特别是经过21世纪初两场战争（阿富汗战争和伊拉克战争）以及2008年全球金融危机的消耗，美国社会支持美国积极介入国际事务的比例越来低。也正是借着这样的"东风"，特朗普纯粹以美国优先为原则的孤立主义口号相比传统美国政治精英的"民主自由人权"等"普世价值"主张在相当一部分美国选民看来显得更加务实、更加坦率、更加有吸引力也更加受欢迎。2021年1月，特朗普离开白宫，民主党人拜登入主白宫。虽然拜登在某些具体政策上与特朗普相左，但特朗普政府四年以来给全球带来的创伤短期内难以弥合，拜登政府也很难扭转形势。

3. 文化上的排外与封闭

文明的发展不能停滞更不能倒退，国与国之间的制度与文化差异不应成为阻挡交流的鸿沟，而应成为相互借鉴、彼此促进的动力。在文化交融日益密切的21世纪，人文交流与合作是无法阻挡的时代潮流，它对于增进不同国家人民相互理解认知、推动共同繁荣进步意义重大，但一些西方资本主义发达国家却在人为设障阻碍正常的国际交流。例如，中国的孔子学院作为一个推广汉语和传播中国文化的非营利性的社会公益交流机构本应是文化交流互鉴的平台，但一些西方政客却时常给它扣上"从事间谍活动"的帽子；再比如，美国一些人士和机构抱着遏制打压中国发展的零和思维和险恶目的，密集罗织"从事间谍活动"等借口，对中国在美学生、科技人员和华裔科学家进行无端指责和骚扰，制造冤假错案，干扰两国人文交流与科技合作，开历史倒车。众所周知，美国是一个移民国家，广泛的对外交流是美国的立国之本，文化交流带给美国的正面效应远远高于所谓的负面效应，是使美国逐步走向世界第一强国的重要动力源，但如今美国似乎已经忘却了这些。以上这些限制举措试图构筑起一堵密不透风的"文化墙"，但这恰恰是美国空前不自信的表现，是美国对自身文化与科技创新能力的自我否定，是美国到了需要进一步"解放思想、实事求是"的时候了。

科学技术、教育理念、人文思想是人类的共同财富，一些西方政客为了"垄断"而利用政治手段阻挡文化交流，这种文化上的饮鸩止渴式的逆全球化举措终将被历史所抛弃。总之，盲目的排外与封闭"守"不住优势地位，也必然使自身更趋于保守；摒弃傲慢与偏见，加深对文明差异性的认知才是破局的良方。

二、逆全球化产生的原因

1. 逆全球化的直接原因

（1）发达国家深陷困局

第一，西方资本主义发达国家在经济增长旧动能熄火、新动能不足，资本逐利性导致的贫富分化、债务危机愈演愈烈和资本主义发展周期性、结构性、制度性等因素综合作用下，经济下行压力加大，增长趋于停滞。本书在这里要首先说明"停滞"这一概念，经济增长停滞不仅仅是指经济增速下跌或停止不前，也指经济增速较慢。国际货币基金组织2019年7月发布的《世界经济展望》显示2019年发达经济体增速将普遍趋缓：美国为2.6%，2020年下滑至1.9%；欧元区为1.3%；日本则为0.9%。

第二，西方资本主义发达经济体内部资本与劳动的收益严重不对称，贫富差距扩大，国内社会矛盾也在持续积聚甚至愈发不可调和。以国际上通用的、衡量一国（或地区）居民收入差距的常用指标基尼系数为参考，可以看出全球化红利在西方资本主义发达国家内部的分配也存在着明显不公，一些西方发达经济体内部贫富差距持续性扩大，与南方国家和北方国家之间的差距相比较，甚至有过之而无不及。比如美国，2016年，美国的基尼系数已升至0.48，逼近0.5的警戒线，前20%的高收入群体收入占总收入比例高达51.5%，而后20%的低收入群体收入占比仅3.1%。2010—2017年，美国20%的最低收入群体的收入增长幅度仅为17.7%；相比之下，5%的最高收入群体的收入增长幅度达到30.6%，是最低收入群体的1.7倍，5%的最高收入群体占美国全国居民总收入的比重2017年已上升至22.3%，而20%的最低收入人群收入占比则持续下降至2017年的3.1%。近几年来，美国的贫富差距依旧没有改观：美国人口普查局2020年9月发布的信息显示，在发达国家里，美国居民的贫富差距仍然较大——基尼系数为0.484，不仅远高于日本、德国、法国、英国、瑞士、芬兰、加拿大、澳大利亚等发达国家，而且已经与主要发展中国家差不多了。

第三，就业是民生之本，各国亦然。过去，中产阶级这一庞大群体的消费曾经是发达经济体经济发展的重要动力源，但随着中产阶级的萎缩，消费能力的下降，欧美等发达经济体增长乏力。伴随着"去工业化"和生产制造中心的转移，欧美国家大量民众特别是原先的中产阶级开始生活在巨大的不确定性之中，他们无法适应全球化带来的新变化；再加上一些行业对人力资源素质的较高要求无疑增加了低收入群体的就业门槛，失业加剧了收入分配不公的现状，使得社会矛盾持续积聚，也为欧美逆全球化运动的主要响应者以中低收入群体为主做了很好的注解；2020年新冠肺炎疫情更是让欧美发达国家特别是美国的就业问题凸显，美联储主席鲍威尔2021年2月表示，美国就业岗位比新冠疫情暴发前减少了1000万个。

综上所述，基于现实的处境和心理的落差，深陷困局的西方资本主义发达国家便将目光聚焦于广大发展中国家特别是新兴经济体的快速发展，忽略了长期以来自身所获得的巨大全球化红利，狭隘且错误地认为自己日渐沦为全球化的最大受害者。在此背景下，始终秉承利益至上的西方资本主义发达国家开始推行逆全球化举措：经济上采取保护主义，政治上趋于孤立与保守，文化上显示出排外与封闭。与此同时，作为反全球化运动主力之一、同样处于利益受损状态的发达经济体内部的中低收入群体也盲目支持了各自国家政府采取的逆全球化措施，反全球化和逆全球化

"合流"。

（2）新兴经济体崛起

全球化快速发展的今天，经济全球化实现了资源在全球范围内的相对有效配置，一定程度上给一些新兴经济体带来了全球化红利。随着发展中国家话语权的提高，国际经济秩序和规则体系在某种程度上照顾了发展中国家特别是新兴经济体的利益诉求，新兴经济体开始崛起，和西方资本主义发达国家关系正处于一个新的"十字路口"。可以说，以中国为代表的新兴经济体和发展中国家的群体性崛起，从根本上改变了第一次工业革命以来西方资本主义发达国家在世界格局和国际力量对比中长期占据主导地位的趋势。几十年来，新兴经济体和广大发展中国家紧紧抓住经济全球化的历史性机遇，实现了经济发展和社会进步。国际货币基金组织2020年10月发布的《世界经济展望》显示，按购买力平价估值计算，新兴经济体和发展中国家经济总量2008年已占世界经济的51%，超过发达国家；到2019年，新兴经济体和发展中经济体总量占世界经济比重达到56.9%，发达国家则降至43.1%。总之，随着当今世界经济格局的加快演变，多极化趋势更加明显，全球治理格局必将从过去不平衡的"北方主导"模式向动态平衡的"南北共治"模式转变。

（3）民粹主义兴起

本书认为，民粹主义是一种独特且具有深厚历史的政治动员形式，分为左翼和右翼。左翼抨击的是全球化导致的失业人口增多和贫富差距扩大；右翼则关注全球化所带来的移民问题，国家主义至上，强调民族利益与种族纯洁。民粹主义思想一旦形成，就会形成过度强调自我的意识，出现反精英、反主流的情绪，深刻影响着当地的政治生态。每当发生经济危机、文化冲突、意识形态对立等状况且某些群体的利益得不到充分维护时，利益受损群体就会产生"归因偏差"，把这些问题归因于某种外部因素或者某些社会势力的影响，全球化"终结论"就会甚嚣尘上，主流的政党和体制内的精英就会受到颠覆性冲击，民粹主义这种看似非主流的政治风格就会很快获得无数拥趸，进而走上前台。究其原因，社会公共资源分配的不公，人民获得感的降低，不安全感的增强，迫使底层"沉默的大多数"转而支持打"民粹牌"的政治人物，将他们视为自己最后的救命稻草，特朗普当选美国总统就是很好的例证。

2. 逆全球化的实质

逆全球化的实质是资产阶级维持其固有格局红利。众所周知，资本开启了经济全球化的序幕，使全球迎来新的文明曙光。但是我们要清醒地认识到，资本控制下的全球化是"先天不足，后天畸形"的，在自身陷入严重危机且无法摆脱和新兴经济体不断崛起导致西方资产阶级垄断地位动摇的大背景下显得更加举步维艰，已经成为全球化进程中的现实阻碍。马克思主义经济学原理告诉我们，价值增值是资本的本性，而正是资本逐利的本性造就了今天的全球化困局：在西方资本主义发达国家内部，垄断资本攫取了大部分全球化红利，经济发展的成果越来越向垄断资本集中，底层民众并没有真正分享到全球化发展的果实，国际金融危机又反过来加剧了底层民众的不安全感和被剥夺感。面对社会生产力快速发展、资本主义生产关系的矛盾激化导致的贫富差距持续拉大和经济金融危机频发等现实挑战，垄断资本试图通过某种方式向外转移国内矛盾，加征关税、行政主导制造业回流国内等事实上损人不利己的保护主义措施和民粹主义思潮便沉渣泛起，逆全球化就此抬头。那么，西方资本主义发达国家采取逆全球化举措是在搬起石头砸自己的脚吗？答案当然是否定的：逆全球化举措只是资产阶级内部出于国际战略和国内政治的综合考量采取的自我调整策略，是资本主义固有的"资本内在否定性"的外化表现，是在预见自身优势将失情况下的无奈反制，目的继续维持其在旧有全球化格局中的红利，没有改变其为垄断资本服务的"初心"和本质。

3. 逆全球化的根源

逆全球化的根源是代表资产阶级利益的资本主义的生产方式。"做蛋糕"和"分蛋糕"从来都是一体的。在经济全球化做大了"蛋糕",产生巨额红利的背景下如何分"蛋糕"就显得尤为迫切。到底是使大多数人获益还是让少部分人吃独食?全球化红利到底是应该惠及全体民众还是为资产阶级所占有?逆全球化在给资本主义主导的全球化以沉重一击的同时,也促使人们反思全球化、资本主义及社会制度的未来走向。

第二次世界大战后特别是20世纪70年代以来,西方垄断资本借助世界市场形成、资源优化配置、科技革命风起云涌的"东风"突破了国家界限在全球范围内快速扩张、发展,世界日益成为你中有我、我中有你的整体。与此同时,生产力和生产关系的矛盾也在西方资本主义发达国家内部和全球范围两个层面不断积累:2008年国际金融危机之后,经过若干年努力仍然没有走出危机困局的西方资本主义发达国家内部深层次矛盾和问题集中爆发,全球化成为众矢之的,西方国家进而开始采用与全球化相背离的策略,使全球化趋势逆向发展,以此缓和资本主义社会的矛盾。

正如马克思在《资本论》中所言:"资本主义生产的真正限制是资本自身。"[①]这场自20世纪30年代以来最严重的危机暴露出以社会化机器大生产为物质条件、以生产资料的资本家私有制为主要特征的资本主义生产方式无论在其国家内部还是在全世界范围内都已经成为生产力进一步发展的阻碍性力量,资本主义的生产方式弊端得以清晰展现:资本是逐利的,治理是无力的。因为资本不可能真正考虑劳动者和全体国家的利益,不可能真正适应世界经济格局变化,推动国际治理体系变革。历史和现实已经证

---

① 中共中央马克思恩格斯列宁斯大林著作编译局. 马克思恩格斯全集:第46卷[M]. 北京:人民出版社,2003:278.

明并将继续证明：西方资本主义国家主导的传统全球化模式难以为继。

三、逆全球化的危害

1. 加剧全球治理困境

当前，经济全球化进程正遭遇全球治理的诸多困境，逆全球化不仅加剧了资本主义内耗，也在一定程度上加深了发达国家与发展中国家的分裂，减缓了全球治理体系的改革、修复、创新步伐。逆全球化使西方资本主义发达国家与以新兴经济体为代表的发展中国家间治理"共识"逐渐减少、"分歧"逐步增加，国际事务协调难度上升，不确定性显著增强，意识形态领域对立日益加剧，治理赤字逐渐显现。在西方资本主义发达国家拼命抓住最后一根"救命稻草"和新兴经济体国家尽力争夺国际话语权的背景下，西方资本主义发达国家忧虑发展中国家特别是新兴经济体会改变现行世界秩序，将自己取而代之，危及切身利益，于是单边主义和保护主义抬头，不断向发展中国家施压；发展中国家则担忧被发达国家联合"绞杀"进而压制自身合理发展诉求。这种不断增强的疑虑猜忌加深了国际关系裂痕，给本就脆弱的南北关系蒙上阴影，加剧全球治理危机。

众所周知，当前的全球治理体系由西方资本主义发达国家主导，因而存在各种针对发展中国家不公平的规则和制度。首先，在公认的世界贸易组织、世界银行和国际货币基金组织这三大全球性经济机构中，西方资本主义发达国家拥有更多的话语权，致使它们利用这些平台迫使发展中国家做出妥协与让步。其次，各种国际组织对其成员国缺乏强有力的约束。部分成员国本着"合则用，不合则弃"的原则随意退出，或者无视或绕开国际组织而利用自己的国家权力、国内法对他国进行经济、政治、军事层面的打击，而国际组织对这种行为却难以有效约束。再次，在当前由西方资本主义发达国家主导的全球化下，发展中国家尽管在一定程度上获得了发展所需的资金和技术，但也出现了诸多矛盾和问题。比如某些西方发达国家以一贯的霸权主义和强权政治理念输出所谓的"普世价值"导致"阿拉伯之春"后引发的欧洲难民危机；发达国家传统产业向发展中国家转移、"洋垃圾"输出导致的生态环境恶化等。

2. 干扰世界和平环境

一百多年来，人类经历了血腥的热战和冰冷的冷战，实现永久和平是全人类的共同向往。但是，当前的国际形势严峻复杂，地区局势持续紧张，热点问题此起彼伏，恐怖主义等非传统安全威胁持续蔓延，国际军控遭遇挫折，军备竞赛趋势显现，战略平衡备受冲击，一些国家奉行单边主义和"强权即公理"的错误逻辑，坚守围堵遏制与威胁对抗的冷战思维，甚至动辄使用或威胁使用武力，打开了冲突与对立的"潘多拉之盒"，严重威胁全球和地区安全，侵蚀并动摇着战后的国际秩序基础，干扰世界和平环境。

全球和平发展现状不容乐观。中东地区的宗教、领土、资源之争，加上固有的民族矛盾和西方势力干预，和平赤字最为严重。战后近二十年，阿富汗、伊拉克依然元气大伤，内部重建与恢复稳定依旧困难重重；发端于突尼斯的动荡席卷整个中东地区，利比亚、也门、科威特等国出现了不同程度的动荡；峰回路转的伊朗核问题又因美国特朗普政府退出伊核协议重新陷入扑朔迷离。2018年，美国再次绕开联合国与英法等国出兵叙利亚，让我们又一次见证了似曾相识的一幕；一些发展中国家不时发生"颜色革命"并陷入战乱；亚欧大陆腹地长期被边缘化，发展相对滞后；印（印度）巴（巴基斯坦）冲突不断甚至略有升级；朝核问题解决伴随着特朗普的对朝谈判计划迎来曙光但仍有待观察。与此同时，日本右翼人士大力推动修改"和平宪法"；美国出台新版《国防战略报告》，加快调整全球兵力部署，缩减中东驻军规模，优先保障亚太地区和欧洲地区兵力需求，以退出《中导条约》向中俄施压，并且明确将中国和俄罗斯作为主要战略竞争对手。

3. 冲击全球信任基石

第二次世界大战后，随着经济全球化不断发展，世界各国开展了一系列卓有成效的经济技术交流，全球信任机制正在逐步形成。然而，逆全球化却冲击着正在形成中尚显脆弱的全球信任机制。

首先，逆全球化加剧了西方资本主义发达国家和发展中国家之间的不信任。经济全球化实现了资源在全球范围内的相对有效配置，带来了全球化红利，但这种红利并没有公平地分配到各个国家。虽然随着发展中国家话语权的提高，国际经济秩序和国际经贸规则体系在一定程度上照顾了发展中国家的诉求，但根本上依旧维护着西方资本主义发达国家的利益。与此同时，发达国家依靠发展的先发优势，继续获得超额垄断利润；发展中国家为获得相应的先进产品，依然需要付出更多的代价，这从客观上造成了全球经济发展红利的分配失衡与不公。特别是在西方资本主义发达国家主导的全球化格局下，人均GDP等主要经济指标差距进一步扩大，一些发展中国家在全球化进程中出现了经济增长缓慢、环境资源透支、贫富差距扩大等问题。

其次，逆全球化不可避免地危及资本主义阵营内部的团结，影响着这些国家对国际事务的认知心理和反应模式。美国与欧盟是否仍铁板一块？关系是否仍牢不可破？特朗普政府执政期间有没有可能成为美国与传统盟友关系的转折点？近几年G7峰会上美国与昔日"盟友"就多个问题喋喋不休的争吵似乎告诉了我们一些答案。我们知道，美国要想保持全球霸主地位并继续享有统治力与话语权，就必须确保其自身经济以一定的速度增长，但是现实中的美国经济却深陷低增长泥潭而不能自拔，而且从短期看，美国经济增速难以大幅提高，因而它试图以零和博弈的方式在经济、政治等各方面压制一些盟友就不足为奇了。事实上近三年来美国与传统盟友在诸多事务上矛盾加剧：经济上，与欧盟、日本等国就经济贸易、欧洲一体化等问题龃龉不断；政治上，与德国、法国等欧盟国家在巴以、伊核、俄罗斯、北约防务经费负担机制等问题上意见相左；环境治理上，更是为了《巴黎协定》与昔日盟友大动干戈。综上，逆全球化导致西方资本主义发达国家内部陷入"混乱"：欧洲对美国不满，变得更加自主自立，不愿再继续成为美国的附庸；美国对欧洲不屑，变得更加自私和实用主义至上，不愿再做"冤大头"。毕竟，再美好的共同价值观也不会是虚无的，总是要以共同利益基础为依托，"美国优先"的利益最大化原则最终还是捅破了美欧共同价值观这层"窗户纸"，映射出全球大变局中资本主义阵营内部的信任危机。

4. 阻挠全球经济发展

经济发展永远是国际社会的刚性需求。对于任何国家和地区而言，发展经济都是一个矢志不移的目标和维持其政权稳定不可或缺的手段。就如同每个个体，都无一例外地追求幼有所育、学有所教、劳有所得、病有所医、老有所养、住有所居、弱有所扶的发展权利，而经济水平是以上目标得以实现的重要物质前提。当前，不合理的国际秩序与规则使得即便在科技如此发达的今天，依然产生了覆盖全球范围的巨大经济失衡和发展赤字：其一，长期以来，在西方资本主义发达国家主导的传统全球化模式下，全球经济失衡，一些西方国家大肆掠夺发展中国家的能源资源，获取剩余价值，导致后者始终处于被剥削压迫的境地，无法通过跨越式发展融入现代社会。其二，在西方资本主义发达国家的干预下，一些发展中国家长期缺乏强有力的政党、政府和睿智的领导人，缺乏专业的技术工人群体，无法通过政府和市场的共同作用实现经济和社会生产力快速发展。比如，非洲地区尽管拥有着令人羡慕的丰富资源，但大多数国家长期处在世界发展的后方和经济崩溃的边缘，大量人口生活在联合国和世界银行确定的贫困线标准以下，是全球扶贫重点区域，依赖于国际社会的长时间、大规模救助。其三，长期信奉新自由主义和某些西方大国的"经验"输出，经济模式、发展道路等政策制定严重脱离本国或本地区实际，国库亏空、赤字（财政）高企、生态脆弱、过度依赖资源出口、民生事业发展缓慢等成为通病，与坐拥全球化格局红利下的西方资本主义发达国家不可同日而语。根据国际货币基金组织2019年公布的统计分析，2018年世界发达国家的人口接近11亿，而发展中国家的人口则高达63.9亿；同样参照2018年的数据，人口为63.9亿的发展中国家创造的GDP约为33.67万亿美元，人均不到5300美元，而拥有近11亿人口的发达国家却创造出了51.07万亿美元的GDP。人均超过47000美元。也就是说，发展中国家的人口是发达国家的5.8倍，但创造的GDP仅为发达国家的65.9%，而人均GDP更是只有发达国家人均GDP水平的11.2%。

第四章　合作共赢的中国新全球化方案

西方资本主义发达国家主导的传统全球化模式在推动全球化发展和全球治理中发挥过较大的促进作用。但是，席卷全球的国际金融危机令往昔叱咤全球的西方模式日益陷入治理无效的尴尬境地，西方资本主义发达国家在预见自身优势将失的背景下祭出逆全球化举措，纷纷走向了全球化的对立面，愈发难以扛起推进全球化发展的大旗。面对全球化发展进程受阻的现实困境和越来越不确定的世界，经历七十多年风雨的中国并未退缩，一如既往地致力于推动全球经济复苏，促进与广大发展中国家共同发展，提出破解全球治理困境的中国新全球化方案，为全球化进程打开了新局面。

一、中国新全球化方案的背景

1. 中国自身的发展实践

（1）以人民为中心的发展思想

"治国有常，而利民为本。"人民是真正的英雄，民心是最大的政治。西方国家的政治主体并非人民，而是资本家集团，是马克思主义理论中的"资产阶级"。与西方资产阶级认为人民不过是"乌合之众"的立场不同，人民立场是中国党和政府的根本政治立场。马克思主义是人民的理论，人民性是马克思主义的鲜明品格。《共产党宣言》中明确指出："过去的一切运动都是少数人的或者为少数人谋利益的运动。无产阶级的运动是绝大多数人的、为绝大多数人谋利益的独立的运动。"1949年10月1日，毛主席在天安门城楼上高呼"人民万岁"，中华人民共和国七十多年的发展实践充分印证着领袖对"人民万岁"的庄严宣誓：党和政府始终坚持以人民为中心的历史观和发展观，坚持发展为民和共同富裕的本质要求，把为人民谋幸福，为民族谋复兴作为不变的初心和永恒的使命。

七十多年来，中国以占世界9%的耕地养活了世界近20%的人口，终结了延续2600多年的"皇粮国税"，实现了经济发展与大规模减贫同步、经济转型与消除绝对贫困同步，基本解决了脱贫这一世界性难题。2019年9月，国务院新闻办发表的《为人民谋幸福：新中国人权事业发展70年》白皮书显示：2012—2018年，中国每年有1000多万人稳定脱贫，成为世界上减贫人口最多也是第一个完成联合国千年发展目标减贫目标的国家，对全球减贫贡献率超过70%。与此同时，城乡居民消费水平快速提升，全国居民人均消费支出，由1956年的88元增长到2019年的21558.9元，2019年全国居民恩格尔系数降到28.2%，商品短缺和凭证供应的时代一去不复返，轿车、家用电器、房产等耐用消费品拥有量大幅增加，居住条件显著改善。[①]

七十多年来，中国人民对国家发展前景愈发充满信心。英国《经济学人》智库2018年11月公布的一项覆盖全球50个国家和地区、3221人的针对自己国家满意度的民调结果显示，中国老百姓对国家未来发展前景充满信心，91.4%的受访群体相信中国在未来十年会发展得越来越好，满意度在所调查国家中最高。[②]世界对中国发展的认可度也在不断提升。中国外文局当代中国与世界研究院2019年8月发布的覆盖五大洲22个国家、1.1万名受访者的《中国国家形象全球调查2018》报告显示，海外受访者对中国的整体印象为6.2分（满分10分）；报告显示，中国作为全球发展贡献者的形象进一

---

① 魏礼群. 新中国70年经济社会发展回顾与思考[J]. 求是，2019（19）：6.
② 经济学人智库（EIU）. 社会进步的优先事项：理解公民的声音[R]. 2018-11-16.

步凸显，认为中国是全球发展贡献者的海外民众达48%。[①]

（2）正确处理改革、发展、稳定关系

处理好改革、发展、稳定关系是中国共产党人以马克思主义为指导推进中国革命、建设、改革成功的基本经验。正是因为中国始终坚持辩证唯物主义和历史唯物主义基本原理，坚持改革是动力、发展是目的、稳定是前提并正确处理了三者关系，才能在70多年发展历程中创造出"当惊世界殊"的奇迹。

没有改革，就没有中国的今天，也就没有中国的明天。回顾新中国70多年波澜壮阔的发展史，中国始终坚持在与世界的相互联系中发展自己，主动顺应经济全球化潮流，把改革作为赶上时代发展大潮的法宝。从第一个五年计划到奠定大工业基础，从恢复解放思想、实事求是的思想路线到设立经济特区，从肯定家庭联产承包责任制到确立社会主义市场经济体制，从加入世界贸易组织到全面深化各领域改革，中国道路不同于传统的计划经济体制，超越了西方资本主义市场经济模式，也不是社会主义与市场经济的简单相加，而是体制性的重塑与再造。正因为如此，中华人民共和国七十多年的发展在惊心动魄的实践中交出了令世人惊叹的"成绩单"。

发展是硬道理，是第一要务，是解决中国所有问题的关键。七十多年来，中国高度重视经济建设，把发展摆在突出位置。七十多年来，中国始终秉持发展的主基调，并以不断攻坚克难的实际行动回应着层出不穷的发展难题和各式各样的治理困境。七十多年来，中国的发展奇迹并非源自简单地依靠自身资源禀赋、照抄照搬西方经济学理论，而是从中国的国情出发，不断探索更好地满足人民日益增长的物质文化需要和美好生活需要的经济和制度形式，克服了发展中国家普遍面临的一系列挑战，走出了一条

---

① 当代中国与世界研究院. 中国国家形象全球调查2018[R]. 2019-10-18.

特色鲜明的个性化发展道路。即便在世界经济处于深度调整的当下，中国仍然是世界上经济增长最快的主要经济体之一。根据世界银行统计数据，2015、2016、2017、2018和2019年世界整体经济增速分别为2.9%、2.6%、3.2%、3.0%和2.4%，中等收入国家增速分别为3.9%、4.3%、4.9%、4.6%和3.7%，高收入国家增速则分别为2.3%、1.7%、2.3%、2.2%和1.6%。而同期中国经济增速分别为6.9%、6.7%、6.8%、6.6%和6.1%，不仅比全球水平快两倍以上，而且比高收入国家快得更多。2020年，中国经济增长2.3%，而美国经济增长2.5%，日本经济增长1.1%，德国经济增长-5%，巴西、南非和俄罗斯等金砖国家经济增长依旧疲软。可见，在全球经济增速放缓的大背景下，中国经济依然保持着6%以上的较高经济增速。

稳定是改革和发展得以顺利进行的保障。为什么要寻求稳定？因为包括中国在内的大多数发展中国家缺乏的就是实现顺利改革和平稳发展的秩序。本书认为，稳定在某种意义上是秩序的代名词，稳定就是最大的发展秩序。七十多年来，中国的各项制度在中国的历史文化土壤中不断"生长""发育""壮大"，因而适应了中国国情，保证了社会大局的稳定，实现了公共利益最大化。

综上所述，处理好改革、发展、稳定关系是平衡好政府、市场、社会三者关系和实现成功的国家治理的关键。中华人民共和国七十多年的成就很大程度上得益于把政府的责任感、市场的创造性、社会的承载力统一起来后达到的这种平衡状态。本书认为，这种平衡应是下一步推动国家治理体系和治理能力现代化的题中应有之意。

（3）独立自主和对外开放的有机统一

按照独立自主的原则搞社会主义经济建设是七十多年来中国的一条重要经验。本书主要从工业化发展战略和资本内部积累两个维度论证这一问题。

在工业化发展战略方面，1949年后，虽然经历长期战乱，国民人均收入水平低，工业发展底子薄、先天基础差，甚至连一颗螺丝钉都要依靠进口，建设工业化完全是从零开始，但我国的发展需求和时代发展又不允许我们按部就班地走先发展轻工业后发展重工业的道路，因而新中国制定了轻工业与重工业"两条腿"走路的政策。国务院发展研究中心的数据显示：1952—1978年，我国重工业产值占工业总产值的比重从35.5%提高到56.9%，最高时达到66.6%。重工业的发展增强了生产资料的自给能力，使工业资本积累加快，反过来推动了工业产出的快速增长。经过几十年的埋头发展，到20世纪90年代初期，中国各类消费品严重短缺的状况已经基本解决，票证退出历史舞台就是最好的证明；到21世纪初，重工业产值占工业总产值比重上升到了70%左右，工业化基础已比较雄厚。综上，经过70多年的发展，按照联合国产业分类中所列举的工业门类来考量，中国拥有该门类中全部39个工业大类，191个中类，525个小类，这在全球是独一无二的，目前已经是世界上产业结构最完整、工业门类最齐全的国家。完整的工业体系意味着什么呢？它意味着中国可以独立生产从满足生活必需的轻工业产品到尖端重工业产品这样一个大而全的结构，是中国经济建设的"压舱石"。

在资本内部积累方面，我们在发展过程中面临的最大问题就是如何加快资本的内部积累，这也是广大发展中国家在早期发展中不得不解决的一个老大难问题。中华人民共和国成立之初就面临着有限的财力与经济建设所需的巨额资金缺口之间的矛盾，因而十分重视资本内部积累，按照独立自主的方针建设现代化。1960—1978年，我国平均储蓄率达到31.5%；比同期低收入经济体10.7%的平均储蓄率高出20.8个百分点。这一时期，为了避免抑制消费对人口素质发展的不利影响，我国在控制私人消费的同时，十分注重教育、医疗等公共服务的供给保障。根据联合国国际比较计划数据，1956—1978

年，我国人均人力资本年均增长1.5%，增速在同时期有统计的全球71个经济体中排在第2位。[①]到1978年，以人均国民收入衡量我国虽然还排在低收入国家的末尾，但是在平均受教育年限、人均预期寿命等基础性发展指标方面，我国已跻身中等收入国家水平。实践证明，在中国这样一个人口众多、基础薄弱的国家通过资本内部积累的方式助推工业化战略实施是可行的。不仅完成了早期工业化建设的必要步骤，跨越了资本主义"卡夫丁峡谷"建设社会主义，维护了国家的经济发展主权，避免沦为西方资本主义发达国家的经济附庸。也正因如此，中国在应对外部环境冲击时具有比较充分的自主权和较大的回旋空间，为稳定和维护本国及全球经济做出应有的贡献。

市场经济的本质是开放经济，而中国发展的一条重要经验就是坚持独立自主、有序可控的开放，坚持改革不停顿、开放不止步，以开放促改革，将改革和开放作为一个整体置于同等重要的地位，贯穿于社会主义现代化建设的始终，以对外开放的主动赢得经济发展、改革创新和国际竞争的主动。中华人民共和国成立70多年来特别是改革开放40多年来，我们坚持经济、政治、文化等多层次多领域的开放，融入世界经济，在世界市场的汪洋大海中游泳，取得了累累硕果。国务院新闻办2019年9月发表的《为人民谋幸福：新中国人权事业发展70年》白皮书显示：2018年，中国对外直接投资1430.4亿美元，是2002年的53倍，年均增长28.2%。对外贸易逐年增长，从1978年至2018年，中国对外贸易累计达到521921.1亿美元；2018年，货物贸易和服务贸易出口额分别达到24867亿美元、2668亿美元。根据商务部、国家外汇管理局最新统计，2020年中国对外直接投资1329.4亿美元（折合9169.7亿元人民币）。对外开放的基本国策为中国带来了大量发展资金、高科技技术和最前沿的管理经验，极大地转变了中国人民长期以来的

---

① 侯永志，贾珅. 中国经济的自主发展之路[EB/OL]（2019-08-27）. http://www.qstheory.cn/wp/2019-08/27/c_1124925417.htm.

思想观念，激发并鼓舞了中国人民的创造热情，展现了前所未有的活力，显著提高了中国的现代化建设水平。与此同时，中国的发展也为其他国家的发展提供了广阔的市场环境，扩大了就业并促进了经济的快速增长。中国还积极参与国际分工，推动全球范围内的资源配置更趋公平合理。

（4）坚持走和平发展道路

理念是行动的先导。党的十九大报告指出，"中国坚定奉行独立自主的和平外交政策，尊重各国人民自主选择发展道路的权利"。[①]充分表明了中国坚持和平发展的意志和决心。众所周知，中国不仅是世界上最大的发展中国家，也是延续了上千年的历史文明古国。《论语》中说"礼之用，和为贵"，先哲孟子主张"以力服人者，非心服也，力不赡也；以德服人者，中心悦而诚服也"，先哲墨子认为"天下兼相爱则治，交相恶则乱"，体现的都是对和平的珍视。2018年，中国将"坚持和平发展道路"载入宪法，成为世界上第一个采取这一做法的国家。可见，坚持走和平发展道路是中华文明的"传家宝"和"不变的底色"。七十多年来中国与世界同行的历程清晰表明，中国发展离不开世界，世界和平也离不开中国，中国越发展，世界越安全。中国与世界是休戚与共的命运共同体，中国坚持走和平发展道路，是对实现自身发展目标条件的清醒认知和深刻洞悉历史、现实与未来后做出的必然选择。中国的发展不对任何国家构成威胁，不想挑战或者取代谁，中国无论发展到什么程度都永远不搞扩张、不称霸并希望与世界各国共同走和平发展道路：当今世界，各国日益成为"你中有我，我中有你"的共同体，坚持和平、发展、合作、共赢才能实现持续发展；穷兵黩武不得人心，只会走向衰亡。

中国是维护世界和平的坚定力量。七十多年来，中国从未挑起过任何

---

① 习近平. 决胜全面建成小康社会夺取新时代中国特色社会主义伟大胜利——在中国共产党第十九次全国代表大会上的报告 [M]. 北京：人民出版社，2017.

一场战争或冲突，没有侵略或侵占过一寸他国领土。改革开放以来，中国始终致力于通过和平友好的谈判与协商方式处理领土领海分歧，同12个邻国彻底解决了陆地边界问题，为和平解决国家间历史遗留问题以及国际争端开辟了新道路。中国还在主动裁减军队员额400余万的同时签署或加入20个多边军控、裁军和防核扩散条约，反对军备竞赛并积极协调解决重大国际和地区热点问题。目前，中国已成为联合国第二大维和预算摊款国和经常性预算会费国，是安理会常任理事国第一大出兵维和国。总之，无论现在还是将来，无论中国发展到哪一阶段，都会始终以世界和平建设者、全球发展贡献者和国际秩序维护者的良好形象出现在国际社会面前，决不会做以邻为壑、损人利己的事情。

2. 广大发展中国家的共同期待

国际金融危机以来，西方资本主义发达国家进入了系统性失调阶段，甚至逐渐丧失了解决自身问题和推进国家发展的能力。特别是一些西方大国奉行所谓的本国优先原则，重新拥抱单边主义和保护主义，祭出逆全球化大旗，成为冷战后世界格局和国际秩序的极大不稳定和不确定因素。按照马克思主义的全球化思想，全球化的结果并非资本主义全球化，全球化本身就蕴含着超越资本主义的因素：随着资本不断过剩，全球社会平均利润率持续下降，从而为资本主义朝着自身的对立面转化奠定基础。在此背景下，越来越多的发展中国家对西方资本主义发达国家的政治经济制度和发展模式提出质疑，西方标榜的资本主义制度"优越性"黯然失色，日益深陷治理失灵的困境，已经不能再作为广大发展中国家推动国家发展振兴的教科书。

道路千万条，实用第一条。当西方模式陷入"空谈"，不再具有解释力时，当主要国家间的力量对比经过逐步累积起的量变转化为某种程度的质变时，世界则开始向"东"看，倾听"中国声音"，期待借鉴中国在"实干"中取得的发展经验。首先，中国作为最大的发展中国家，与广大发展中国家有着相似的历史经历，也对自身1840年以来的苦难历史有着深刻的体会，面对着发展这一最大的共同问题，知道广大发展中国家最迫切的需要是什么，因而能够站在全人类的立场上来推动发展与进步，而不是让发展成果只惠及少数人。其次，七十多年来，中国立足自身国情走出了一条苦尽甘来、自立自强的中国特色发展道路，基本实现了联合国千年发展目标，不仅增进了14亿中国人的福祉，也有力促进了全球共同发展。中国的发展变革不是简单套用马克思主义经典作家设想的模板，更不是西方现代化发展模式的翻版，早已超越了西方经济学的陈旧教条，经过实践的检验，使"中国崩溃论"崩溃了，"历史终结论"终结了，提升了广大发展中国家对依照本国实际选择发展道路、实现发展目标的信心。

发展始终是解决一切问题的总钥匙，其极端重要性与紧迫性丝毫没有降低，广大发展中国家最迫切的发展需要就是加快自身经济发展和提高民众生活水平。中国坚持以经济建设为中心，把推动发展、消除贫困、改善民生放在重要位置，自然而然成为广大发展中国家学习借鉴的对象。首先，广大发展中国家可以借鉴中国正确处理政府与市场关系的做法。发展中国家经济要发展，政府既不能"不作为"也不能"乱作为"。以发展中国家共同面临的扶贫问题为例，中国的应对之策并不是西方经济学话语中的"随机实验"脱贫法。党的十八大后，中国提出的精准扶贫政策让6000多万人口摆脱贫困，贫困发生率从10.2%下降到1.7%。在脱贫攻坚中，中国坚持政府与市场"两只手"协同推进。政府有着比较强大的动员能力，能够在较短时间内最大限度调用资源，有利于解决大范围的、集中性的贫困问题，但在专业性和精准性较强的领域，比如产业扶贫，市场在资源配置中的决定性作用可以更好地助力脱贫。其次，广大发展中国家可以借鉴中国有效的国家治理经验。中国已成功解决温饱问题并实现全面小康，以普遍采用的恩格尔系数为衡量标准：中华人民共和国成立初期，食品支出几乎就是一个家庭的全部消费支出，大多数民众处于贫困状态；2020年，全国居民恩格尔系数为30.2%，其中城镇为29.2%，农村为32.7%。虽然单一采用恩格尔系数评价未必完全客观，但也在一定程度上说明中国人民的生活水平大幅提高。中国之所以能够取得伟大成就，得益于独特的制度优势和发展模式，与西方国家的资本主义市场经济相比，中国的社会主义市场经济能够更有效制定发展规划，在经济增长的同时，更加注重满足人民的基本民生需要。同时，中国道路具有巨大的优势，还在于有着中国共产党这一总揽全局、协调各方的领导核心，可以有效避免政治掣肘、利益集团内耗等负面影响。最后，广大发展中国家可以借鉴中国在独立自主基础上以开放促发展的举措。中国既坚持立足自身、自主发展，又坚持海纳百川、博采众长，充分利用国际国内两个市场、两种资源，借鉴西方资本主义发达国家的先进生产组织形式和经营管理方式，在"游泳中学会游泳"，突破依附体系，为经济发展创造良好环境。2018年以来，美国挑起的中美贸易摩擦，对中国和世界都产生了显著影响。中国一方面把外部压力转化为自身发展动力，着力增强自主发展能力；另一方面实施更高水平的开放，制定《中华人民共和国外商投资法》，大幅降低关税，连续举办两届进口博览会，在国际竞争中不断拓展新的发展空间。

2019年9月，波黑前总理兹拉特科·拉古姆季亚在第三届太和文明论坛发言时认为中国在处理国际问题时着眼长远，不断通过实际行动向全球证明自己是多边主义的坚定捍卫者，越来越多的国家对中国保障世界和平、进一步完善全球多边机制充满信心，相信开放的中国将为世界带来更多机遇，世界需要东方智慧和中国方案。总之，广大发展中国家可以利用后发优势，借鉴中国的成功经验，把握住历史机遇，实现国家发展振兴，并与中国一道在当前西方资本主义发达国家主导的全球化基础上开辟出一条更具公平合理性的全球化道路。

二、中国新全球化方案的主要内容

1. 中国新全球化方案的宗旨：共同发展、合作共赢

中国新全球化方案的宗旨是共同发展、合作共赢。为什么要确立这一宗旨？当今世界正处于百年未有之大变局，但大变局中的不变清晰可见：那就是各国和各地区间"你中有我，我中有你"的相互依赖性越来越强，共同发展与合作共赢的宗旨深入人心，而这种相互依赖和共同发展合作共赢最主要的表现就是紧密的国际分工与贸易联系。毫无疑问，能否给不确定的世界带来相对确定的发展预期，不仅关系到全球化发展方向，也关系到世界和平与发展的未来。上百年来，西方资本主义发达国家总是以国际社会自居，仿佛自己就是国际社会的全部，将广大发展中国家"排除"出去了。那么到底什么是国际社会？顾名思义，国际社会是由世界所有国家共同组成的；既然是一个大家庭，那么所有成员都应该作为平等的主体共同参与到确立规则与标准的过程中。西方资本主义发达国家主导的传统全球化模式目前已越来越难以满足广大发展中国家的利益；往昔风光无限的西方文明在自由主义思想指引下不仅没能解决人类社会共同发展的问题，反倒制造了更大的危机，日益黯淡无光；胜者为王的丛林法则和以邻为壑的零和博弈使其与发展中国家的矛盾日益加深，甚至使西方资本主义发达国家内部矛盾越来越大，致使民众的反全球化行为和政府的逆全球化举措交织；一些西方国家把资本主义内部治理的失败责任强行归咎于他国，归咎于经济全球化，动辄采取出尔反尔、颠倒黑白、欺压霸凌，威胁并严重破坏全球价值链、供应链和产业链，导致各领域矛盾错杂交织，全球经济发展持续低迷甚至滑向衰退的深渊。凡此种种，充分暴露了奉行资本逻辑的西方资本主义发达国家在资本主义私人占有制和社会化大生产之间越来越不可调和的基本矛盾。与西方资本主义发达国家主导的传统全球化模式

形成鲜明对比的是，2013年以来，以广大发展中国家为代表的大多数国家之所以非常认同中国提出的人类命运共同体思想和共建"一带一路"倡议等主张，就是因为中国虽然是这些理念的倡导者，但深知各国国情不同，历史文化差异明显，根本不存在一个适用于一切国家、一切时代的固定不变的发展模式，因而没有搞唯我独尊、盛气凌人、损人利己那一套陈规旧习，没有强迫其他参与方搞标准化的唯一模式，而是作为平等参与主体中的一员，与其他参与方共同协商，共同制定相应的"游戏规则"，合作共赢，真正为大多数国家谋发展，为人类谋福祉。

中国新全球化方案也不同于"苏联模式"。"苏联模式"的政治经济学理论认为，社会主义和资本主义作为势不两立和水火难容的两种社会制度是难以共存的。20世纪50年代初，苏联领导人斯大林在《苏联社会主义经济问题》中提出"两个平行市场"的理论，认为第二次世界大战后社会主义阵营的出现使得资本主义统一市场逐步分化和解体，出现了让资本主义和社会主义处于长时期对峙格局的两个既平行又互相对立的世界市场。而中国提出的人类命运共同体思想和"一带一路"倡议等超越了社会主义和资本主义两种制度的隔阂与对立，体现了高屋建瓴的大局观和深邃的理论思考，蕴含着新的国际合作模式和新的发展哲学，日益成为解决全球化困局的中国方案。中国方案具有鲜明的中国特色和强大的包容性，以共同发展、合作共赢为宗旨，也为世界文明发展提供了新的借鉴，因而更具有全球价值。

2. 中国新全球化方案的理念：人类命运共同体思想

中国新全球化方案的理念是人类命运共同体思想。马克思指出："只有在共同体中，个人才能获得全面发展其才能的手段，也就是说，只有在共同体中才可能有个人的自由"[1]"代替那存在着阶级和阶级对立的资产阶

---

[1] 中共中央马克思恩格斯列宁斯大林著作编译局. 马克思恩格斯文集：第1卷[M]. 北京：人民出版社，2012：261.

级旧社会的，将是这样一个联合体，在那里，每个人的自由发展是一切人的自由发展的条件"。^①马克思明确提出并系统阐释了共同体思想，把未来的共产主义社会命名为"自由人联合体"。党的十八大后，习近平总书记从辩证唯物主义和历史唯物主义的立场出发，洞察生产力与生产关系、经济基础与上层建筑在全球层面的新发展，提出了推动构建新型国际关系特别是构建人类命运共同体的思想，符合《联合国宪章》的宗旨和原则，丰富和发展了马克思主义全球化理论。

世界的和平与发展最终必须依靠世界各国人民，而人类命运共同体思想，以其广阔的全球视野体现着对当前传统全球化困境的反思，契合了全球化时代重大关切，为当今国家间关系提供了新的发展路径，并在实践中逐步塑造未来的新型国际关系，有利于各国探寻利益交汇点，画出最大同心圆，实现最大公约数，保障和维护全人类的整体利益。首先，命运共同体是一种利益共同体。正如马克思所说："人类奋斗所争取的一切，都同他们的利益有关。"一国在追求本国利益的同时一定要兼顾他国利益，在谋求自身发展时一定要照顾别国发展诉求，做大共同利益的蛋糕。其次，命运共同体是一种责任共同体。国际社会中最大的责任是什么？无疑是履行国际义务。治理赤字、信任赤字、和平赤字、发展赤字是世界各国人民当前面临的严峻挑战，中国作为人类命运共同体的首倡者，模范履行自身国际义务，破解"四大赤字"，担当起应有的大国责任，为推动人类社会共同进步贡献出中国智慧。

中国推动构建人类命运共同体，不是倡导统一模式或挟带一己之私，更不是以一种制度形态替代另一种制度形态，而是主张不同社会制度、不同历史文化和处于不同发展阶段的国家在一起共商共建共享，以文明的交

---

① 中共中央马克思恩格斯列宁斯大林著作编译局. 马克思恩格斯文集：第2卷[M]. 北京：人民出版社，2009：53.

往超越文明的隔阂、以文明的互鉴超越文明的冲突。因为中国始终坚信自身的发展离不开世界，世界的发展也离不开中国。世界好，中国才能好；中国好，世界才更好。就像第71届联合国大会主席汤姆森所说，构建人类命运共同体是人类在这个星球上的唯一未来。但是，人类前进道路不可能一帆风顺，世界经济发展的汪洋大海也不会一直风平浪静，推动构建人类命运共同体，注定是一项充满艰辛和曲折的事业。全世界各个国家都应携起手来，凝聚起生活在不同国家、不同地区和有着不同思想文化背景人们的普遍共识，把美好的人类命运共同体思想，把世界各国人民对美好生活的向往变成触手可及的现实。

3. 中国新全球化方案的行动："一带一路"倡议

中国新全球化方案的行动是"一带一路"倡议。古丝绸之路打开了各国与各民族之间交流交融的窗口，谱写了人类社会发展史的璀璨篇章。新的时代条件下，中国赋予了这条古丝绸之路新的内涵。2013年9月7日，习近平总书记在哈萨克斯坦纳扎尔巴耶夫大学发表了题为《弘扬人民友谊 共创美好未来》的演讲，提出了共同建设"丝绸之路经济带"倡议。2013年10月3日，习近平总书记在印度尼西亚国会发表的题为《携手建设中国—东盟命运共同体》的演讲中首次提出共同建设"21世纪海上丝绸之路"倡议。"一带一路"倡议横跨亚欧大陆，虽源自中国，但属于世界；根植于历史，但更面向未来，面向所有伙伴，是更高级别的对外开放。"一带一路"是和平、繁荣、开放、绿色、创新、文明、廉洁之路，秉持共商、共建、共享的互利共赢原则，尊重差异与分歧，以实现政策沟通、设施联通、贸易畅通、资金融通、民心相通、产业合作为目标，是构建人类命运共同体的重要国际合作与实践平台。

"一带一路"倡议涉及全球治理的方方面面，体现了中国进一步加强国际合作的诚意以及推进全球治理改革的信心与决心，其核心理念已于

2017年3月17日被联合国写入关于阿富汗问题的第2344号决议，扩大了国际共识，是政策沟通效果逐步显现的重要体现；"要想富，先修路；道路通，百业兴"，基础设施这一发展"大动脉"建设的长期匮乏是广大发展中国家经济发展面临的瓶颈性制约，"一带一路"倡议以加快设施联通为核心抓手，助力发展中国家的陆路、水路、空路等基础设施建设，取得了诸如中老铁路、中巴瓜达尔港、中俄原油管道等丰硕成果；"一带一路"倡议推动贸易畅通，促进了沿线国家贸易投资的快捷与便利，较大程度降低成本，提升沿线各国参与经济全球化的广度和深度：中国和中亚国家的农产品贸易快速通关"绿色通道"使通关时间缩短了90%，平均关税水平从加入世界贸易组织时的15.3%降至目前的7.5%；资金融通是共建"一带一路"的支柱，亚洲基础设施投资银行、丝路基金等国际多边金融机构以及各类商业银行不断拓宽投融资渠道，为共建"一带一路"提供稳定且高质量的资金支持：以亚洲基础设施投资银行为例，2015年12月我国倡议设立了亚投行，近4年来成员已增至100个，累计批准发放85亿美元贷款；"国之交在于民相亲，民相亲在于心相通"，民心相通是共建"一带一路"的重要民意基础，起着"润滑剂"和"催化剂"的作用，多层次、宽领域的人文交流与合作也有利于增进共识，缩小分歧：近年来，中国与"一带一路"沿线国家互办艺术节、电影节等活动，合作开展经典作品互译工程，扩大教育、旅游、卫生、扶贫等领域合作；以支持第三方市场合作，鼓励多元投资，共享产业链、供应链、价值链为主要特征的产业合作是共建"一带一路"的重要任务，国际产能合作和第三方市场合作积极推进，共建跨境合作园区方兴未艾：中国和哈萨克斯坦共建的霍尔果斯国际边境合作中心、中国和老挝共建的磨憨—磨丁经济合作区就是典型代表。

　　"一带一路"倡议是统筹国际国内两种资源的重要抓手，是中国参与全球治理的顶层设计。中国与其他国家一道共建"一带一路"不仅为全球治理注入了正能量，也彰显了中国作为世界大国的使命与担当。人类只有一个地球，各国共处一个世界。与世界各国共建"一带一路"表明中国正在以前所未有的实际行动超越意识形态对立，打造符合人类命运共同体愿景的美好未来。无论是现在还是将来，中国都会以最大的诚意欢迎更多国家和国际组织加入"一带一路"倡议，携手努力，久久为功，用行动兑现诺言，为建设一个持久和平、普遍安全、共同繁荣、开放包容、清洁美丽的世界而努力。

三、中国新全球化方案的愿景

1. 破解国际治理"四大赤字"

以人类命运共同体思想和"一带一路"倡议为代表的中国新全球化方案既坚持马克思主义的辩证唯物主义、历史唯物主义、世界历史和全球化等基本理论，又立足于不断变化发展的新的时代背景，具有强烈的现实针对性和深厚的历史底蕴。当今世界，治理、和平、信任与发展这"四大赤字"困扰着人类，破解这"四大赤字"关系世界形势发展与全球治理完善，需要秉持公正合理、互商互谅、同舟共济、互利共赢的理念。

治理是路径。坚持共商共建共享的全球治理观是重要前提，只有全球治理规则实现民主化，才能凝聚起全球范围内的共识，调动起最广泛的积极性。在全球治理的困境下，中国提出"一带一路"倡议，便是向世界提供一种全新的全球化发展机制，对于推动全球发展平衡、修复失衡以及促进完善全球治理，推动全球化朝着更加包容、平衡、普惠和开放的方向发展有着重要的现实意义。"一带一路"倡议聚焦经济全球化，以开放与平等为方式，秉持发展新理念，大力倡导合作共赢，秉承和平合作，开放包容，互学互鉴，互利共赢的丝路精神，体现世界经济"相互依赖"规律，强调推动全球化更加包容和平衡发展，缓解了西方资本主义主导的传统全球化治理机制在现实中的不平等性，推动建设一个更加包容和平衡的全球化新时代。

和平是保障。共建"一带一路"离不开和平的环境。要想破解"和平赤字"，就要秉持共同、综合、合作、可持续的"新安全观"。中国认为多边主义是维护和平的有效途径，国家间要构建对话不对抗、结伴不结盟的伙伴关系，大国要尊重彼此核心利益和重大关切，管控分歧，努力构建不冲突不对抗、相互尊重、合作共赢的新型关系，维护以联合国宪章宗旨和原则为核心的国际秩序。同时，中国采取了弥合全球和平赤字的具体行动，积极为世界和平提供公共产品：推动诸如朝核问题、伊核问题、叙利亚问题等国际和地区热点问题的政治解决进程；不断推进国际反恐合作，支持上合组织打击"三股势力"；设立"和平共处五项原则友谊奖"，表彰和鼓励为坚持和弘扬和平共处五项原则做出贡献的个人或团体；发挥好安全对话合作功能，创建了湄公河流域执法安全合作机制等国际安全合作新架构。

信任是基础。信任是国际关系最好的黏合剂，当今世界大变局中的摩擦呈明显上升趋势，地缘政治博弈加剧，国家间、政党间、政府与百姓间缺乏信任感，国际社会合作与互信的基础受到侵蚀。要破解"信任赤字"，就要坚持正确义利观，求同存异，聚同化异，增进互信，减少猜疑。长期以来，许多国家为追求全球公平与正义付出了艰苦卓绝的努力，但是全球范围内的"信任赤字"依然存在。"合抱之木，生于毫末；九层之台，起于累土"，信任不是一天建立起来的，需要持续不断且富有成效的行动。中国坚持"大家的事大家商量着办"的原则，以平等为基础，强化多边机制，打造协商合作的国际化平台，通过充分协商找到发展的契合点。比如，充分利用二十国集团、亚太经合组织、上海合作组织、中非合作论坛、世界经济论坛、博鳌亚洲论坛等现有机制，在彼此信任、平等互利的基础上，积极开展共建"一带一路"倡议的相关合作；在北京和上海分别成功举办两届"一带一路"国际合作高峰论坛和中国国际进口博览会，业已成为各参与国和国际组织之间互学互鉴、开展合作的重要平台。

发展是关键。发展是解决一切问题的总钥匙，发展问题应该置于全球宏观政策框架的核心位置。破解"发展赤字"，要坚持创新驱动、协同联动、公平包容的原则，让各国人民共享经济全球化发展成果。作为世界上最大的发展中国家，中国始终维护以南北合作为主渠道、南南合作为补充的全球发展合作格局，一直是全球发展事业的倡导者和行动派，在致力于实现自身发展、消除贫困的同时，积极开展与广大发展中国家特别是最不发达国家的合作，提供不附加任何条件的援助，帮助他们摆脱贫困，实现发展。在共建"一带一路"合作框架下，中国支持亚洲、非洲、拉丁美洲等地区广大发展中国家加大基础设施建设力度，世界经济发展的红利不断输送到这些发展中国家。世界银行研究组的量化贸易模型结果显示，共建"一带一路"将使"发展中的东亚及太平洋国家"的国内生产总值平均增加2.6%—3.9%。[①]同时，中国把向"一带一路"沿线国家提供减贫脱困、农业、教育、卫生等领域的民生援助纳入共建范畴，开展了东亚减贫合作示范、中非减贫惠民合作计划等项目，与世界卫生组织签署关于"一带一路"卫生领域合作的谅解备忘录，实施中非公共卫生合作计划等项目，向缅甸、泰国等易受洪涝灾害影响的国家提供防洪技术援助。中国开展对外援助60多年来，共向166个国家和国际组织提供近4000亿元人民币援助，派遣60多万名援助人员，先后7次宣布无条件免除重债穷国和最不发达国家对华到期政府无息贷款债务，为120多个发展中国家落实联合国千年发展目标

---

① 共建"一带一路"倡议：进展、贡献与展望[EB/OL]（2019-04-22）．https：//baijiahao.baidu.com/s?id=1631499511477314660.

提供帮助。

2. 促进全球经济发展再平衡

全球化为什么需要再平衡？在世界经济复苏乏力，国际格局深刻调整的背景下，发达国家和发展中国家之间经济发展的不平衡性日益显现，劳动与资本的矛盾日益突显，全球劳动者共同创造的经济全球化果实正在被少数既得利益者瓜分。特别是在全球经济进入后危机时代的当下，世界经济尚未走出低增长的泥潭，传统增长动力不断衰减，新兴增长动能尚未积聚；发达国家和发展中国家之间的力量对比正在发生前所未有的积极变化，发展中国家群体性崛起正在改变全球政治经济版图，百年来全球化的推动者如今变成了反全球化和逆全球化的旗手；某些西方大国奉行单边主义和霸凌主义，全球经济风险和地缘政治矛盾加剧，恐怖主义威胁上升；以气候变化为代表的生态环境危机愈发严峻。全球化的负面影响一再被人为夸大，严重消解了民众对全球化的信心，阻碍了全球化的进一步发展。

经济全球化进程的确产生了一些负面影响，但我们要分清主流和支流，要看到经济全球化是利大于弊还是弊大于利。百年未有之大变局必然伴随着百年未有之不确定性，也伴随着百年未有之机遇。站在时代的风口浪尖，如何抉择，怎样行动，事关重大。本书认为，全球化是世界经济持续发展不可或缺的重要条件，也是增进人民福祉的有效手段，不能把现实生活中困扰世界的问题简单归咎于经济全球化，这既不符合事实，也无助于问题的解决。"明者因时而变，知者随事而制"。当务之急就是要适应和引导好经济全球化，采取实质性举措逐步消解经济全球化带来的不利影响，更大程度释放它的正面效应，推动全球化进程再平衡。我们有理由相信，只要秉持客观公正立场的国家和国际组织，就会选择坚定支持和捍卫全球化进程，因为这是顺应全球化发展大势的正确选择。

中国作为实现经济全球化再平衡的重要力量，其核心任务就是要和广大发展中国家一道，共同寻对策、找出路，纠正西方资本主义发达国家主导的传统全球化进程中产生的问题，使全球化作为一种不可逆的趋势，继续沿着正确方向发展，惠及更多国家和民众。中国提出的人类命运共同体思想和"一带一路"倡议，本质上正体现了以平等和均衡、发展和普惠为导向的思想，对实现全球化再平衡具有很强的启示意义。在努力实现全球化再平衡的过程中，包括中国在内的广大发展中国家不仅可以从经济全球化中获得更多的发展资金、高新技术和先进管理经验以加快自身发展和经济结构战略性调整，还可以利用市场、资源等各方面优势，开拓国际市场，发展对外贸易，打造一个更加均衡普惠和包容可持续的世界经济体系，赢得发展主动。因此，中国要联合广大发展中国家合力推动建立新的国际治理模式和规则，以优化国际分工体系和全球价值链，使所有参与国家都能成为全球价值链中公平的参与者，从而确保各参与国权益共享、责任共担，实现全球化再平衡。

第五章　中国新全球化方案的世界意义、挑战与建议

一、中国新全球化方案的世界意义

1. 中国新全球化方案对传统全球化模式的超越

（1）摈弃地缘政治联盟

地缘政治是时代的产物，是"权力的游戏"，是将世界割裂和碎片化的价值观和方法论。以人类命运共同体思想和"一带一路"倡议为主要内容的中国新全球化方案，不是国与国之间的权力争霸游戏，不是搞扩张或划分势力范围，不是所谓的新殖民主义，完全不同于20世纪中后期美国主导的典型地缘政治联盟——马歇尔计划。马歇尔计划是杜鲁门主义的续篇，它附加了苛刻的政治条件，不允许广大发展中国家参与，只允许有共同体制的欧洲资本主义国家（亲苏国家除外）参与，是美苏争霸时期抗衡苏联和控制欧洲的主要工具之一。

以人类命运共同体思想和"一带一路"倡议为主要内容的中国新全球化方案聚焦和平合作、共同发展的时代主旋律，而非地缘政治斗争工具，根本不同于一些国家的地缘扩张和政治军事联盟。面对气候变化、恐怖主义、粮食安全等前所未有的全球性挑战，与一些西方国家大力倡导的"本国优先""本国第一"相反，中国新全球化方案遵循义利兼顾的正确义利观和共同、综合、合作、可持续的新安全观，坚持对话不对抗、结伴不结盟的伙伴关系，摈弃地缘政治联盟的"小算盘"，与联合国2030年可持续

发展议程、欧洲"容克计划"、俄罗斯欧亚经济联盟、哈萨克斯坦光明之路、东盟"互联互通总体规划"等沿线国家和地区发展战略紧密对接，以形成利益共同体、责任共同体、命运共同体和合作的最佳契合点为目标，是对传统地缘政治理论与实践的超越，为解决全球发展问题提供了新的思路。值得一提的是，"一带一路"倡议是解决阿富汗治理困境、消除贫困与饥饿、打破地缘政治的希冀所在，中国新全球化方案为人类社会的和谐进步做出了积极贡献。

（2）不搞零和博弈

中国新全球化方案受到广大发展中国家的欢迎不是偶然的，很重要的一点就是中国在致力于自身发展进步的同时没有忘记其他各参与方的诉求，充分考虑并照顾到了彼此核心关切，不搞零和博弈和"中国俱乐部"，超越了传统西方经济学的"经济人假设"，体现的是一种以平等、合作、责任和规则为主要特征的新型全球治理观、新型全球发展观。

平等是基础。《联合国宪章》明确规定"所有会员国主权平等"。随着全球治理危机的加深，全球性挑战越来越多也越来越复杂，任何国家都无法独善其身。解决这类棘手问题单靠一个或几个国家显然已力不从心，全球事务应该民主协商，由各国共同商量，需要全世界所有国家一起共同面对风险与挑战。而共同面对风险与挑战的重要前提就是坚持国家不分大小、强弱、贫富，都是国际社会平等一员，任何一方都不应凌驾于他者之上，不应让全球治理被少数国家垄断的平等原则。

合作是方式。合作不能是封闭的、排他的、内循环的，而应是开放的、普惠的、外循环的。中国发展的一个重要经验，就在于共享。在国内治理上，中国始终强调"在共建中共享，在共享中共建，让发展成果惠及人民"；在国际合作上，中国一如既往地欢迎各国搭乘中国发展的"便车"，任何国家和国际组织只要真心诚意地与中国合作，那么中国都希望他们加入这一进程，愿意与他们分享发展经验和机遇。例如，中国企业在参与对外经济合作中，一直坚持最大限度地多雇佣本地工人，为促进所在国就业和经济增长做出了贡献。英国伦敦大学一项关于中国对外投资的调查显示，中国企业在非洲国家——埃塞俄比亚投资兴建的工厂，雇佣当地员工的比例平均在90%以上，这有力地说明了中国企业为非洲创造了大量就业人口，实实在在地促进了当地发展进步，是一种共赢的合作。事实上，只有找到各方利益的最大契合点，才能更务实高效地推进广泛的交流与合作。

责任是核心。实现全球有效治理意味着各参与方承担各自应该承担的责任。权利与义务是相统一的，只有各参与方都认真履行了自己的国际责任，那么全球治理才会向着良性循环的方向发展。应该特别强调的是，发达国家是履行全球治理责任的重要一方，因为他们在现有国际格局中掌握着更多的资源，也积累了最多的问题，需要承担起大国责任，否则任何国际问题都很难解决。中国提出构建人类命运共同体和共建"一带一路"倡议的新全球化方案为西方发达国家在责任履行方面做出了表率，中国始终强调作为一个负责任的大国会认真履行自己应承担的国际责任和义务。

规则是保障。"国有国法，家有家规"，无规矩不成方圆。全人类共处一个地球家园，推进有效的全球治理需要借助一定形式的国际规则约束各方行为，保障全球共同的发展利益。公正、合理、有效的全球治理，有利于各国发展经济、改善民生，有利于全球治理目标的实现，有利于发挥规则的正向激励机制。因此，制定和完善有效的国际规则是完善国际治理的重要保障。

（3）不以意识形态划界

中华文明五千多年来一脉相承，也是目前世界上唯一没有中断的文明，具有独特的强大的包容性、开放性和更为丰富的历史文化资源。当今世界的文明是多样的，意识形态也是多样的，文明与意识形态的多样性映射着道路选择的多样性，比如经济领域中同样作为市场经济，中国有社会主义市场经济，美国有新自由主义市场经济；即便是同一个国家，不同时期不同阶段、同一时期同一阶段的不同情况下也都有着不同的选择。但是，共同的历史记忆、共同的现实处境、共同的理想追求，完全可以将我们彼此相连，形成一种共同的认同，形成人类命运共同体。只要秉持包容开放的交流，就不存在亨廷顿式的"文明冲突"，只有颐指气使的傲慢才会带来所谓的冲突。一体化的世界就如同世界经济的汪洋大海一般，谁拒绝这个世界，谁拒绝了潮流，那么这个世界就会拒绝他，亘古不变。以人类命运共同体思想和"一带一路"倡议为主要内容的中国新全球化方案，内蕴着五千年文明对化解当前全球困境的智慧与价值。但西方社会的一些人总是担心中国的崛起会对世界构成威胁，不遗余力地渲染"中国威胁论"，归根结底是西式的逻辑与根深蒂固的偏见，对生动的中国实践和古老的中国智慧视而不见。

中国新全球化方案的意义之一就是超越传统的意识形态对立，追求人类共同的价值理想。习近平总书记在第七十届联合国大会一般性辩论时指出，"大道之行也，天下为公。和平、发展、公平、正义、民主、自由，是全人类的共同价值，也是联合国的崇高目标"。[①]和而不同，"和"是在尊重差异性和多样性基础上的相互统一，是建立在承认和尊重"不同"之上的。习近平总书记强调，国家不论大小、强弱、贫富，不论有怎样的意识形态差异，都应该平等相待，超越分歧，既把自己国家建设好、发展好，也为其他国家的建设与发展提供力所能及的帮助。毕竟，只有每个国

---

① 习近平. 习近平谈治国理政：第二卷[M]. 北京：外文出版社，2017：522.

家都发展了，全人类才能更加和谐，世界才会变得更加美好。

2. 中国新全球化方案是中国向世界提供的公共产品

（1）谋求合作的最大公约数

西方资本主义发达国家主导的传统全球化只能代表部分人的利益，难以找到最广大人民根本利益的最大公约数。以人类命运共同体思想和"一带一路"倡议为代表的中国新全球化方案倡导人人共享，人人共建，发挥共同体效应；倡导人尽其才，尽其所能，发挥主体创造性；在统筹兼顾基础上，谋求合作的最大公约数。合作的最大公约数是什么？本书认为，发展是解决一切问题的总钥匙，是最大公约数。面对发展中国家群体性崛起和南北发展失衡的现状，无论是现在还是可以预期的未来，发展依然是时代主旋律：互利共赢，基础在发展；惠及民生，根本在发展；维护和平，关键在发展。不管是"南北合作"还是"南南合作"，要寻找最大公约数，唯有靠发展，靠追求公平、开放、全面、创新、绿色的发展。

当前全球发展和治理的核心困境之一就是公共产品供应不足、难以做到全覆盖。维持全球治理格局和国际体系正常运转需要一些大国提供公共产品。提供全球公共产品需要付出较为高额的成本，又因为公共产品本身的非排他性特点使得这些产品的享用者是不分国家的，因而难以持续。以目前的国际经济秩序为例，第二次世界大战后形成的世界贸易组织、世界银行、国际货币基金组织、亚洲开发银行等国际或地区经济组织就是以大国主导的全球性或区域性公共产品的典型形式。国际金融危机爆发以来，一方面是西方资本主义发达国家经济实力相对下降，全球公共产品供给后劲乏力；另一方面是广大发展中国家落后的现实严重制约其发展，再加上协调机制的缺位，使得对全球公共产品的需求不断上升。我们知道，唯有发展，合作才会产生最大公约数。唯有发展，民生福祉才有保障。唯有发展，和平才能长久。全球化进入新时代的今天，中国应该如何为世界尽可能多地提供全球公共产品，解决全球公共产品供给失衡进而跨越"金德尔伯格陷阱"？以人类命运共同体思想和"一带一路"倡议为代表的中国新全球化方案给出了答案。

今天，世界上很多重大国际和地区问题的化解都需要全球性的互动，权威来自共识而不是强权。中国新全球化方案源自中国但属于世界，它跨越不同地域、不同发展阶段乃至不同文明，是一个海纳百川的开放包容平台。中国新全球化方案坚持最大限度地非排他性，顺应了国际社会对全球治理体系改革平等、公正、开放、包容的期待。正如联合国秘书长古特雷斯指出的那样，"一带一路"倡议与联合国千年发展目标相同，都是向世界提供的公共产品。以"一带一路"倡议为例，它不仅契合了广大发展中国家对基础设施的巨大投资需求，以具有公共产品的机制设计与国际化与市场操作模式，与各国共享发展经验，致力于探寻全球合作发展新模式，不断探索着现代化建设规律和国家治理规律，也没有让任何一个参与国家陷入债务负担，落入西方所谓的"债务陷阱"。一言以蔽之，中国新全球化方案既做大了发展的蛋糕，又不断谋求着合作的最大公约数。

（2）对现有国际体系的有益补充

百年来，资本主义开启并推动了全球化进程，创造了巨大的生产力，推动了世界经济的发展，为人类社会创造了极为丰富的物质财富。七十多年来，由西方资本主义发达国家主导建立起来的以世界银行、国际货币基金组织等国际组织为主要代表的现行全球治理体系在应对全球性挑战上发挥了比较积极的作用，在一定程度上维护了全球和平与发展的大局。但是也应看到，一些热点地区的冲突甚至局部战争此起彼伏，各种形式的保护主义依然盛行，气候变化、粮食危机等传统或非传统安全挑战日益增多。国际金融危机的爆发深刻暴露了西方资本主义发达国家主导的传统治理机制的诸多弊端，越来越难以适应全球化发展的需要。随着广大发展中国家的崛起，"南升北降"态势十分明显，西方资本主义发达国家主导的国际格局正在发生深刻变化，全球治理机制改革迫在眉睫。

作为世界上最大的发展中国家与现行国际体系的积极参与者、坚定维护者和重要贡献者，中国在全球治理机制中占据十分重要的地位。伴随综合国力的不断上升，中国承担着与自身实力相匹配的国际责任和义务。在当前西方资本主义全球化发生严重危机时提出以人类命运共同体思想和"一带一路"倡议为代表的中国新全球化方案不是割裂与现行国际秩序和国际体系的联系，抛弃资本主义的发展成果，而是本着辩证唯物主义的扬弃原则，全面吸收西方资产阶级主导的全球化的有益成果，适应并努力维系现行国际秩序和国际体系，在此基础上改造其不合理、不公正之处，努力同世界各国一道，实现优势互补、合作共赢，给世界上那些既希望加快发展又希望保持自身主权独立的国家提供全新方案，推动国际秩序和全球治理体系朝着更加公正合理的方向发展，为促进世界经济增长和完善全球治理做出中国的贡献，而不是将现行国际体系推倒重来或者另起炉灶"单干"。以人类命运共同体思想和"一带一路"倡议为代表的中国新全球化方案不是削足适履，而是对症下药。"一带一路"是各参与方共同打造的全球公共产品，无论是哪一阶段，中国与各参与方都会在尊重彼此重大关切的基础上进行，并注重与现行国际体系、国际规则和国际规划深度对接和相互兼容。

二、中国新全球化方案的挑战

1. 来自中国自身的挑战

中国进一步推进新全球化方案的最大挑战来自自身。七十多年来，中国发展取得历史性成就、发生历史性变革，日益走近世界舞台中央，创造了人类历史上前所未有的发展奇迹，为中国提出以人类命运共同体思想和"一带一路"倡议为代表的新全球化方案奠定了坚实物质基础。聚光灯下中国与世界的关系，从未像今天这样广泛而深刻。但中国要将自己的新全球化方案的蓝图全部转变为现实，还有很长的路要走，前进道路上不可能一帆风顺，难以预见的各种风险挑战，要比我们进行社会主义建设、改革还要复杂艰巨，稍不注意就会掉入别人精心设置的陷阱，对这一点要做好充足的思想准备。当前，人类步入第四次工业革命时代，经济全球化也进入发展新时期。我国经济发展取得了举世瞩目的伟大成就，但世界经济复苏乏力和逆全球化态势危害对我国的影响不可低估，改革进入深水区、攻坚期和全面建成小康社会决胜期的背景下经济增速下降、企业盈利水平下降、财政收入下降、经济风险率上升等结构性矛盾突出，经济"大而不强"和臃肿虚胖体弱的问题愈发严峻，实体经济特别是制造业发展动能不足，劳动力成本优势逐步减弱，加快科技创新的体制机制不健全，处于全球产业价值链中低端的态势没有改变，对外开放在进入大出大进的新格局后与之相配套的人才、风控、安全等都难以满足需要，支撑经济高质量发展和高水平开放的基础依然薄弱，尚未成功跨越"中等收入陷阱"，推进中国新全球化方案的国内物质基础不够牢固。同时，由于历史和现实的掣肘，中国企业在跨国经营管理、海外摩擦与风险评估、应急机制、国际化人才储备等方面还缺乏实践经验。为此，我们需要坚持和完善中国特色社会主义制度、推进国家治理体系和治理能力现代化，发扬斗争精神，提高各方面本领，有效应对各种挑战、抵御各类风险、克服种种阻力，解决好发展中的矛盾与问题，赢得更多硬实力和话语权。

2. 来自发展中国家的挑战

中国进一步推进新全球化方案也有来自发展中国家的挑战。广大发展中国家是中国推进新全球化方案的最大支持者和同盟军，但是在合作发展的过程中也不可避免地会带来一些需要引起我们正视的问题：其一，政治风险。中国新全球化方案在推进过程中的政治风险主要包括某些发展中国家政局动荡、恐怖主义、地区冲突与局部战争威胁等。众所周知，某些经济发展水平较低的发展中国家长期经历社会动荡，"颜色革命"和恐怖主义袭击时有发生，是国际安全的薄弱地区；不同国家之间的政治制度差异较大，很多国家尚处于发展转型期，往往伴随着政治上的不稳定和不确定，相关政党和政府对外国政府与企业的态度往往随着权力更迭而发生变化，已经确定或正在商谈的合作内容面临单方面毁约的可能。其二，经济风险。现阶段，中国推行新全球化方案主要是在经济领域，以"一带一路"倡议为例，"一带一路"合作虽然给沿线国家带来了较为可观的经济收益，但各国经济发展水平不均衡，市场开发难度大，某些比较落后的发展中国家法律法规制度不够健全，市场发育程度较低，经济环境相对封闭和脆弱，给企业投资制造了不利条件；经济合作中可能给相关国家带来的环境破坏等风险亟待重视。其三，社会文化风险。中国新全球化方案推行涉及的一些发展中国家民族众多、宗教问题复杂，尽管中国和相关发展中国家进行了政府间磋商、双边或者多边的合作方案可行性研究，但是依然无法避免一些所在国民众对于合作项目透明度、决策程序等方面的猜测质疑甚至误解排斥，大大增加了中国与相关国家合作的难度，影响了合作的广度、深度与效度。

3. 来自发达国家的挑战

中国进一步推进新全球化方案面临着来自发达国家的挑战。我们必须深刻认识到，虽然世界范围内南北力量对比正在发生新的变化，中国也提出了自己的新全球化方案，但西方资本主义发达国家依然主导着国际治理的主动权，单边主义、保护主义、冷战思维、逆全球化浪潮依然充斥于世界。当前，某些西方国家对中国的发展和中国提出的新全球化方案耿耿于怀，带着复杂心态扬言要和中国脱钩。事实上，中国与世界、中国经济与世界经济已经实现了深度融合。中国经济行稳致远、实现高质量发展将长期利好全球经济。把中国看作"威胁"，试图和中国脱钩，把中国挤出全球产业链、供应链和价值链的想法既不可行也不可能。毕竟，和中国脱钩就是和机遇脱钩，和中国脱钩就是和未来脱钩，和中国脱钩某种意义上就是和世界脱钩。

第一，针对中国提出的新全球化方案，有人造谣——中国搞"新殖民主义"、给一些发展中国家制造"债务陷阱"。美国前国务卿蒂勒森宣称"中国是帝国主义列强"，令人啼笑皆非。其实，真正在搞"新殖民主义"的恰恰是在与中国公平竞争中失败的某些西方资本主义发达国家：它们利用自身优势，采取比之前更隐蔽的手法，进行经济侵略，让一些发展中国家继续充当自身的商品市场和原料产地，最大限度地压榨他国财富后甚至还倒打一耙，抹黑中国，极尽诋毁之能事。事实上，无论是构建人类命运共同体还是与各国共建"一带一路"，中国都无意唱独角戏，也不会搞一言堂，而是始终坚持共商、共建、共享原则，与所有参与方一起平等商议、一起务实做事，一起发展受益，某种意义上也是在抵消损人利己的殖民主义带给相关国家的深重影响。其实，中国有没有搞"新殖民主义"，广大发展中国家最有发言权：以非洲为例，参加中非合作论坛北京峰会的非洲国家领导人比参加非盟峰会的领导人还要多就是明证。

第二，针对中国提出的新全球化方案，有人"棒杀"——这一方案扰乱了国际秩序，威胁了世界和平稳定。可以说，国际上对中国的"棒杀"是有悠久历史的，现在的"棒杀"无外乎是先前各种"棒杀"的延续：20世纪80年代末90年代初特别是苏联解体后，唱衰马克思主义和社会主义的观点以及各种版本的"中国威胁论""中国崩溃论""中国经济硬着陆论"不绝于耳。近几年来，这种带有非理性心态和固有政治偏见的、将中国视作"洪水猛兽"的观点甚嚣尘上。本书认为，这有两方面原因：一是出于嫉妒和仇视的心理，一些西方人认为一个没有实行资本主义制度、没有信奉"普世价值"的国家根本不可能发展这么好，不可能取得GDP排名世界第二的成绩；二是将其作为和平演变中国的舆论手段，以制造恐慌。因为只有"威胁"世界的中国崩溃了，才能实现美国学者弗朗西斯·福山的"预言"——"资本主义制度是人类最后的统治形式"。

第三，针对中国提出的新全球化方案，有人"捧杀"——这一方案已经成熟定型，甚至会取代西方模式。近几年，国际上出现了一些诸如"中国已经是发达国家，不能再假借发展中国家名义""中国已超越美国""中国是拯救世界的最后希望"等观点。有时候，出现"棒杀"的现象并不可怕，也无须担心，因为中国并不是他们想棒杀就能棒杀的，70多年发展成就的事实证明了一切，也是对"棒杀论"的最好回击。但"捧杀"不同，容易让一些人忘乎所以，甚至产生飘飘欲仙的幻觉，比"棒杀"更难对付。我们要对自身有清醒准确的定位。一是目前的美国在综合国力上依然是世界上唯一的超级大国，而且这种地位短期内不会改变。很多人说美国衰落了，但是经济、政治、科技、军事等方面显而易见的现实说明美国并没有衰落。特朗普就任美国总统后美国不愿意承担本该承担的国际义务，频频"退群""毁约"，其参与全球治理的意愿在下降。但是参与意愿下降不等于美国实力大幅下降，这是根本不同的两个问题。二是"捧杀"中国未尝不是西方在给中国"挖坑"。因为能力与责任成正比，能力越大责任越大，西方一些人将中国捧得高，就势必要让中国承担更多的国际责任，而这些责任往往超越了我们作为发展中国家所能承担的程度。三是中国的GDP总量已经位居世界第二位，但是一国的综合国力绝不仅仅体现在GDP上。即便是比较GDP也不能只看总量不看人均，要始终牢记"多么大的经济总量除以十四亿都会变得很小"的道理。虽然中国能够为完善全球治理体系做出应有贡献，但中国处于并长期处于社会主义初级阶段的基本国情并没有改变。因此，切忌妄自尊大，中国的发展经不起折腾，也没有任何骄傲的理由。

三、推进中国新全球化方案

本书认为，中国应立足基本国情从传统全球化模式中吸取经验教训、办好自己的事情、注重文化软实力建设、协调处理好国际关系，量力而行、尽力而为，务实推进中国新全球化方案。

1. 从传统全球化模式中吸取经验教训

首先，中国新全球化方案不会另起炉灶。尽管现行国际体系和全球治理机制还有颇多不合理之处，但是中国坚定维护现行国际秩序并尽力完善它，而不是推倒重来或如美国特朗普政府那般任性"退群""毁约"，合则用不合则弃。中国为什么要努力维护现行的国际秩序与规则，不另起炉灶呢？因为在国际体系和全球治理机制改革尚未完成前贸然否定现行机制是有百害而无一利的，可以说，维护现行国际秩序就是在维护世界和平发展大局。在涉及改革完善国际规则的问题上，中国始终秉持尊重的态度。为何要尊重？因为当前的全球治理体系和治理机制是由相关国家达成共识后形成的，是千千万万人付出生命代价换来的和平与安宁屏障，是来之不易的二战胜利果实。另外，尊重、包容现有格局也是一种改革智慧。纵观古今，改革众多，但改革成功的甚少。改革如此艰难的原因固然是多方面的，但没能最大限度凝聚共识，没能团结一切可以团结的力量是最终走向失败的重要原因之一。再者，可以减少阻力。中国作为半个多世纪以来经济发展最快的发展中国家，日益走近世界舞台中央，必然会刺激一些西方资本主义发达国家的敏感神经，为了最大程度避免误会、化解分歧，在原有体系上进行渐进改革以减少认同成本也许是实现收益最大化的方式。比如，2019年5月，中国提交给WTO的《中国关于世贸组织改革的建议文件》就很好体现了这一点。

其次，中国新全球化方案倡导结伴不结盟。结伴关系如何超越结盟关系呢？一是结伴以共同利益为基本导向。共同利益是合作的基础，无论是资本主义国家还是社会主义国家，无论有何种宗教信仰，都可以结伴同行，超越了以共同意识形态为前提的同盟关系。二是结伴方是平等关系。国家无论大小、强弱都是平等的参与主体，互相不干涉内政，超越了西方同盟中一些不平等的从属关系：例如，北约、美日、美韩等同盟体中美国均是"老大"地位，其他参与方依附于美国。三是结伴关系是开放的。只要有共同利益皆可合作，不会人为设置参与障碍，这超越了西方同盟中普遍的封闭、排他模式。四是结伴的目的是更好发展，是更好地以市场化原则推进经济合作，是让广大老百姓过上更好生活，是实现共赢格局，这超越了西方同盟维护资产阶级利益的狭隘性。

最后，中国新全球化方案有着崭新的国际视野。中国始终主张中国是世界的中国，世界好中国才会好，中国好世界会更好。这是一种格局、气度和胆识，体现了从世界看中国，而非单从中国看世界的崭新全球化思想，反映出了中国把全世界看作一个整体，深深融入世界，将自己视为这个整体中的一部分。作为整体中的部分，中国清晰地懂得一个道理：皮之不存，毛将焉附？无论是现在还是将来，中国永远是国际社会的一员，只有造福世界，才能最终造福自己；只有实现了全人类的共同发展，才能最终实现自己的发展。作为全球发展的一部分，中国的发展离不开世界，世界的发展一定会进一步促进中国的发展，而中国在实现自身发展的过程中也一定会在力所能及的基础上带动整个世界的可持续发展，互利互惠，良性循环。反观百年来西方资本主义发达国家主导的传统全球化，无疑是高下立判：不管是血腥的殖民掠夺还是残酷的资本原始积累，无论是打着

"援助"的幌子进行经济渗透、资本输出还是利用垄断地位盘剥广大发展中国家，都没有跳出资产阶级维护私利的狭隘固有思维，有的只是形式的变换和手法的更替。

2. 办好自己的事情

中国七十多年有效的国家治理实践是参与全球治理和推行中国新全球化方案的基础。无论是在波谲云诡的20世纪下半叶还是风云激荡的21世纪，中国都立足基本国情，聚精会神搞建设、一心一意谋发展，坚持苦练内功，办好自己的事情，逐步发展起来。"其作始也简，其将毕也必巨"。过去取得的成就不代表未来也会取得，过去有过辉煌不等于辉煌能够自动延续。在百年未有之大变局的当下，矛盾和风险前所未有，稍不留神就有可能掉入他人精心设置的陷阱。因此，无论形势如何发展变化，中国都要认清国内外各种不利因素的长期性和复杂性，看清"时"与"势"，化压力为动力，保持战略定力，撸起袖子加油干，增强自身硬实力，做完善全球治理和世界和平与发展的稳定器和定盘星。

首先，要做好深化改革的工作。改革是强国之路，改革中产生的问题只能在深化改革中解决，改革只有进行时没有完成时。要落实好党的十八大以来特别是党的十八届三中全会上确定的改革路线图，深化各领域和各方面改革，推动国家治理体系和治理能力现代化。在新一轮科技革命、产业变革和中美摩擦加剧背景下尤其要发展壮大以制造业为代表的实体经济，弘扬工匠精神，加快创新步伐，推进"中国制造2025"战略，掌握更多国际标准制定权和核心竞争力，提升产业基础能力和产业链现代化水平，努力攻克科技创新力不强这一中国发展的"阿喀琉斯之踵"。其次，要做好对外开放的工作。目前，我国在世界经济和全球治理中的分量越来越重，已经是世界第二大经济体，成为影响世界政治经济版图的一个重要因素。但是，我国经济大而不强的问题仍然十分突出，国内生产总值、科技实力和人民群众生活水平与发达国家尚有较大差距，需要付出更加艰苦卓绝的奋斗。新时代，开放发展的大环境总体上较为有利，中国的对外开放进入了引进来和走出去更加均衡、适度偏重进口的阶段。为什么要适度增加进口，不以追求贸易顺差为目标？因为经济系统是一个循环体，增加进口是国内供给侧结构性改革的重要举措，可以带动国内投资、消费和出口的增加，形成"鲶鱼效应"以倒逼产业升级并提高中国产品竞争力，推动经济高质量发展，更好地满足人民对美好生活的需要，为消费者提供更多选择，可以有效利用全球经济体系实现国内资源配置效率的优化。同时，坚定支持自由贸易，搞好自贸区建设，搭建好开放新平台，力争形成更多可复制可推广的经验，促进开放型经济发展。最后，中国需要完善全球化方案推进过程中的顶层设计，加强智库建设，引导各参与方的协调与配合，注重合作方案和内容的可持续性，强化底线思维，加强政治、经济、文化、社会等领域的风险研判、评估、预警机制建设，以更好维护自身和相关参与方权益。

3. 注重文化软实力建设

全球化既需要物质力量，也需要文化的精神力量。全球化挑战越是突出，人类越要加强经济合作之外的文化交流互鉴，增进彼此了解，促进民心相通。任何一个国家都是建立在以往的历史文化基础上，无时无刻不受到它的浸染。文化软实力和经济、科技等硬实力是相辅相成的，软实力对于一个国家的发展有着无可比拟的优势，但在硬实力面前往往也成为最容易忽略的方面。在推进中国新全球化方案的过程中，中国不仅要提高自身硬实力，还要更加注重软实力，以增进他国认同。软实力是什么？首先，软实力是一种吸引力，是一国制度和历史文化对别国产生的吸引力。五千多年灿烂文明史孕育的中华优秀传统文化是中华民族的根和魂，内蕴着丰富的哲学精神，也为当代中国和世界的发展与进步提供着源源不断的文化滋养。经过七十多年的发展历程，我们不仅找到了一条正确的发展道路，而且对国际社会特别是广大发展中国家产生了巨大的吸引力和深远的影响。中华优秀传统文化、革命文化、社会主义先进文化、马克思主义中国化与时代化过程中产生的优秀理论成果等都可以作为中国发展的实践经验与其他国家共同分享。其次，软实力是一种创新力。以人类命运共同体思想和"一带一路"倡议为主要内容的中国新全球化方案就是我国为改革完善全球治理体系提出的一个既有现实基础又鼓舞人心的崭新构想，特别是中国新全球化方案中的不少内容有望在实践中形成"中国标准"，塑造核心竞争力也体现着创新软实力。最后，软实力是一种话语权。谁掌握了话语权谁就拥有了世界的未来。话语权的提高可以提升国家形象，增进中华文化的国际认同，逐步打破西方国家"话语霸权"的垄断，增进中国与有关国家的相互认同。文化软实力建设并非朝夕之功，单靠政府的经济、政治力量是远远不够的，需要广泛依靠企业和华人的力量，一以贯之，久久为功。中国新全球化方案的价值目标之一就是充分发挥中国文明古国的优势，为各国民众搭建起一座进行政治、经济、文化等各方面交流的桥梁，促进沿线各国民众之间的相互往来和各种形式的民间交流，讲好中国故事，增进各国民众之间的友谊与情感，将中国梦和"世界梦"对接，推动合作与发展。同时，还要进一步提升我国媒体的国际传播能力，开展好民间外交，以润物细无声的方式讲好中国故事，传播好中国声音，展现出一个更加真实全面、不断发展创新的现代化中国。

4. 协调处理好国际关系

中国新全球化方案在推进的过程中，良好的国际环境至关重要。在应对共同挑战的进程中，中国始终维护以联合国为核心的国际体系和以国际法为基础的国际秩序。当然，于中国而言，在处理国际关系时首先要处理好与周边国家的关系。作为世界上最大的发展中国家，中国的崛起之路必然需要周边国家的支持，中国也有着与志同道合的广大发展中国家成功相处的丰富实践。七十多年来，中国坚持与邻为善、以邻为伴方针，奉行睦邻、安邻、富邻政策，践行"亲、诚、惠、容"理念，与发展中国家的交往与合作为中国外交增添了浓墨重彩的一笔；新时代背景下，中国推动全球治理体系改革，推动建立新型国际关系，构建人类命运共同体，都要从周边先行起步。因此我们要贯彻好习近平外交思想，继续发展好与广大发展中国家的传统友谊。首先，无论是人类命运共同体思想还是"一带一路"倡议，周边的广大发展中国家都是首要参与者和重要支持者。其次，远亲不如近邻，维护好与周边发展中国家的关系是中国外交的长久之计。最后，周边关系处理得好也自然为中国与大国打交道奠定良好的基础。

同时，在各国利益相互依存并深度交融、人类面临的共同挑战与日俱增的今天，大国是维护世界和平、促进共同发展和推动国际治理的重要力量，处理好与大国的关系也是中国外交工作的关键。大国有大国的责任和担当，相互尊重、合作共赢、求同存异、共同发展是大国相处之道，冲突与对抗没有赢家。稳定的大国关系需要竞争与合作并存，需要尊重彼此核心利益和重大关切，需要坚持换位思考和相互理解，需要通过协商和谈判方式建设性地处理矛盾和分歧，给当前处于不确定性的世界以确定性。具体到中国，就是要处理好与英国、法国、德国、日本特别是美国等大国的关系。

美国作为目前世界上唯一的超级大国和第二次世界大战后国际体系和国际秩序的主要建立者和主导者，具有举足轻重的地位。美国和中国分别作为当今世界第一和第二大经济体、最大的发达国家和最大的发展中国家，在发展过程中出现一些分歧、摩擦甚至一定程度的冲突都是十分正常且自然的，而关键在于管控分歧，以包容的心态悦纳对方，用智慧与胆识摒弃傲慢与偏见，妥善处理矛盾冲突，减少误判。当前，人类发展进程中面临的诸如公共卫生、生态环境、气候变化等诸多共同问题又需要中国和美国这两个体量最大的国家交流与合作，需要中美两国共同承担责任以迎接挑战。因此，从一定意义上讲，中美关系如何跨越"修昔底德陷阱"甚至已经超越双边关系范畴而日益具有全球属性，我们需要找到也必须找到不同历史文化背景、不同社会制度、不同发展阶段的大国在这个星球上长期和平共处、合作共赢之道。中美建交40多年来的实践充分说明，中美共同利益远大于分歧，合则两利，斗则俱伤。我们在推进中国新全球化方案的过程中一定要重视并妥善处理好中美关系，最大程度释放中美关系的正面效应，最大程度抑制中美关系的负面效应，做好危机管理，共同发展以协调、合作、稳定为基调的中美关系，维系好中美之间"你中有我、我中有你"的大格局，为自身深化改革、扩大开放、推动发展营造有利的环境。另外，经贸关系是中美关系的"压舱石"，在中美贸易摩擦的背景下，我们一方面要坚持谈判方针，推进中美贸易谈判，在平等互惠的基础上按照有理有利有节的原则尽最大努力争取与美国达成贸易协议；另一方面在面对美方无理取闹、极限施压时，要发扬斗争精神，坚定斗争意志，敢于并善于与美方斗争，斗而不破。除了巩固中美在联合国、世界贸易组织、世界银行、国际货币基金组织等现有国际制度框架内的合作之外，探索发展中美在"一带一路"倡议、亚投行等新式国际和地区组织框架内的合作，共同开发第三方市场，做大"共赢"的蛋糕，让中美关系在互利互惠的共识下有序竞争、良性互动，为中国新全球化方案的顺利推进保驾护航。

结　语

　　经济全球化是不可逆转的时代潮流，是世界经济发展的大趋势，既往历史证明经济全球化为世界经济发展和全球治理发挥了举足轻重的作用，为世界经济发展注入了强劲推动力。西方资本主义发达国家是逆全球化的策源地，逆全球化寓于全球化进程之中，是全球化进程中的不确定因素。近年来，保护主义和反全球化、逆全球化抬头，多边主义和自由贸易体制受到冲击，新冠肺炎疫情突如其来，经济全球化进程遭遇新挑战，国际格局正在深刻调整和演化，新旧动能加快转化。以西方资本主义发达国家为主导的传统全球化模式在加速推进科学技术创新和社会生产力发展的同时，其遵循西方国家的垄断资本逻辑导致的弊端也日益显现，因而被迫采取逆全球化举措。这些举措的实质并不简单是由于其利益受损，而是预见优势将失情况下的反制，目的是继续维持其在经济全球化秩序中的格局红利，维持资本主义的生产方式。百年未有之大变局下，如何应对全球治理机制的缺陷和国际秩序的不公正、不合理？出路在于抓住大变局带来的历史机遇，团结一致应对危机与挑战，用合作打败对抗、用包容打败傲慢、用开放打败封闭、用稳定预期打败不确定性、用文明打败文明的冲突，以崭新姿态进入下一个百年。

　　回顾历史，数百年来，世界见证了百万人口、千万人口乃至上亿人口规模国家的崛起，但十多亿人口规模国家的崛起与复兴可以说是亘古未有。但是，中国做到了。中国在经济全球化大潮中深化改革、推进发展是理解中国与世界关系的一条重要线索。西方经济学语境中的经济全球化理论大多是面向过去而不是面向未来的，要深刻理解当前和未来的经济全球化就必须在马克思主义语境中加以把握。毕竟，作为世界上最大的发展中国家，中国在马克思主义和中国特色社会主义理论指导下筚路蓝缕，推进改革开放，融入全球化，将一种作为制度属性的"社会主义"与一种作为资源配置方式的"市场经济"结合在一起，让"全球化就是完全市场化"的伪命题彻底破产，取得了超出西方理论解释力的成就。中国的成功实践虽然不能简单照搬照抄，但无疑给广大发展中国家证明了"另一个世界是可能的"，也为中国提出新全球化方案奠定了基础。

　　某种意义上说，从全球化视角解读中国70多年探索的价值，既有对70多年成绩的肯定，也为改革完善全球治理体系提供了中国话语。抚今追昔，当回首走过的路时，我们不能忽视改革开放前30年的建设红利，因为没有前30年积累的"家底"也就没有后40多年的发展。尽管仍有诸多问题和不足，但无论是纵向与自己比，还是横向和他国比，中国取得的成绩足够惊艳：在中国共产党的领导下，中华人民共和国从封闭落后到开放进步，从温饱不足到全面小康，从积贫积弱到繁荣富强，从面临被"开除球籍"的危险到在较短时间内"挽狂澜于既倒，扶大厦之将倾"并日益走近世界舞台的中央，中国创造了人类发展史上的伟大奇迹，迎来了从站起来、富起来到强起来的伟大飞跃，迎来了最接近民族复兴的历史新起点，实现了属于14亿人的成功。人们或许会问，中华人民共和国70多年的国家治理缘何成功？在几十年艰辛探索中，我们走出了中国特色社会主义道路这一迥异于西方国家的发展道路，因而在国际格局和力量对比的深刻变化中掌握了主动，在全球治理体系的深度调整中把握住了节奏。"十月革命一声炮响，给我们送来了马克思列宁主义"，中国经过七十多年的发展，也给世界送去了经验和智慧，提振了发展中国家实现国富民强的信心和决心，拓展了发展中国家走向现代化的途径，为世界上那些既希望加快发展又希望保持自身独立、走符合本国国情道路的国家和民族提供了借鉴。总之，中国需要世界，世界也需要中国。中国提出新全球化方案就是希冀把全球化的蛋糕做大、把全球化的推进机制做实、把全球化的合作方法做活，推动经济全球化朝着更加开放、包容、普惠、平衡、共赢的方向发展。

路漫漫其修远兮，吾将上下而求索。西方国家逆全球化态势是近年来伴随着全球化、反全球化而产生的，中国提出的新全球化方案也是一个全新的理念，它们在给本书的学术研究提供新的生长点的同时，也不可避免地带来了一些困难和挑战。毕竟，结合逆全球化态势这一特定的时代背景对中国新全球化方案这样一个诞生时间较短且尚处于早期发展阶段、仍在探索和完善中的全新理念进行研究，提出新的观点，需要更多的时间去沉淀，这也就不可避免地给笔者的研究带来了制约；加之本人的学术功底较薄、学术素养和学术水平较为有限，因此不敢奢望在本书中对该问题做出透彻且系统的研究，只是期望本书的研究能对学界更加深入地认识这一问题有所裨益。西方国家逆全球化态势与中国新全球化方案是当前乃至今后较长一段时间摆在中国和世界面前的重大课题。在今后的学习和工作中，笔者会继续关注经济全球化进程和中国新全球化方案推进领域的学术研究动向，以期加深对本议题的思考和研究，也期待自己能做出更加深入、透彻、严谨的学术科研成果。①

---

① 舒展. 《共产党宣言》中的经济全球化思想及其继承与发展[J]. 马克思主义研究，2019（5）：78—85.

附录1

《共产党宣言》中的
经济全球化思想及其继承与发展

《共产党宣言》发表至今已170周年，但宣言所阐述的一般原理依然闪耀着真理的光辉。《共产党宣言》的理论价值，在于其唯物史观下对资本主义历史规律的深刻揭示，它使人们看清资本主义生产关系主导的经济全球化不平等的实质，也指引人们看到人类走向自由、解放、平等、正义的新的经济全球化秩序的历史必然。

马克思在《共产党宣言》中已经很明确地提出经济全球化的思想。他指出，资产阶级在追逐利益的过程中，为了对外扩张而产生全球性的发展，导致世界市场体系的形成。马克思对资本主义生产方式与经济全球化的关系，在这里进行了生动的符合历史和逻辑的阐述，指出"资产阶级，由于开拓了世界市场，使一切国家的生产和消费都成为世界性的了"[①]。《共产党宣言》最早揭示资本主义主导的经济全球化是资本国际剥削的实质，是马克思主义经济全球化思想很重要的理论来源之一。以人类命运共同体思想构建社会主义主导的经济全球化，是对资本主义经济全球化道路的历史性超越，是对马克思主义经济全球化思想的继承和发展。

---

① 中共中央马克思恩格斯列宁斯大林著作编译局. 马克思恩格斯选集：第1卷[M]. 北京：人民出版社，2012：404.

一、从生产力方面肯定资本主义生产方式带来经济全球化的历史进步

《共产党宣言》发表的时代背景：一是资本主义通过机器大工业，确立了资本主义生产方式。新航路的开辟、东亚的市场、美洲的殖民化和殖民贸易，导致了资本主义商业、航海业和工业的高涨，使资本的原始积累最终完成。二是与资本主义工业革命同时发生并行进的，是资本主义世界的经济危机和全世界无产阶级的贫困化。19世纪30年代以后，工人运动风起云涌，但当时的工人运动缺乏科学明确的政治框架。《共产党宣言》是马克思恩格斯应共产主义者同盟的要求而作。共产主义者同盟的前身是当时侨居法国的德国手工业者组织，它的指导思想是空想平均共产主义。该组织领导人在经马克思恩格斯一年多的努力之后，愿意接受科学社会主义的原则，改造这个国际性的工人组织，于是《共产党宣言》就此诞生。马克思在《共产党宣言》中表达的经济全球化思想，正是运用了他在1847年的《哲学的贫困》所阐发的唯物史观，即生产力与生产关系的辩证关系。从生产力方面，一方面马克思肯定了资本主义在推进生产力方面的进步性；另一方面，马克思清醒地揭示其生产关系的落后性。正因此《共产党宣言》是科学社会主义的第一个纲领性文件，是马克思主义的经典文献。马克思恩格斯在《共产党宣言》中指出，资本主义为人类社会生产力带来了巨大的发展，百年间资本主义社会生产力取得了远远超过封建社会千年所创造的巨大发展，它打破了国家、地区和民族之间的隔绝和孤立，所以马克思说，资本主义发展使人类历史成为世界历史，这叫世界性（今天的经济全球化）。

马克思、恩格斯虽然没有明确提出经济全球化的概念，但在《共产党宣言》中，马克思、恩格斯通过对资本主义大工业与世界市场、世界历史

的关系的阐释，揭示了经济全球化时代的必然到来："过去那种地方的和民族的自给自足和闭关自守状态，被各民族的各方面的互相往来和各方面的互相依赖所代替了。物质的生产是如此，精神的生产也是如此。"①

马克思、恩格斯在考察资本主义发展史和剖析资本的本质时，揭示了资本主义在逐利本性和竞争压力下，通过技术革新、提高生产力、进行资本扩张，客观上促使生产力发展跨越国界，形成国际生产力。"不断扩大产品销路的需要，驱使资产阶级奔走于全球各地。它必须到处落户、到处创业、到处建立联系"。②随着各国间经济往来的日益密切，必然形成世界市场，使一切国家的生产和消费都成为世界性的。这种情形不仅发生在物质生产领域，也必然从生产领域拓展到经济社会生产的各个方面。

经济全球化在20世纪下半叶进入全面扩张阶段，从贸易、投资、金融等经济领域开始，逐渐向科技、政治、文化、教育等各个领域延伸。经济全球化使全球大多数国家从此服从于全球市场和现代科技的支配，从生产技术到消费方式，从企业经营到社会治理，无不受到经济全球化的影响和冲击。随着社会生产力的不断进步，经济全球化进程客观上要求世界各国在尊重文化多样性基础上互利共赢、和平发展。特别是进入21世纪以来，人类进入全球风险社会，迫切需要一种和谐的全局的国际秩序和共同理念。

然而，资本主义主导的经济全球化，因其奉行的单边主义、霸权主义和西方文化中心主义的不平等的全球治理理念，加剧了国家之间经济社会发展的不平衡及其矛盾。《共产党宣言》初步阐释了资本主义经济全球化趋势的二重性问题。一方面，资本主义在利益驱动下，客观上推动了社会生产力发展的历史进步，为人的全面而自由的发展，创造了前提条件；另

---

① 中共中央马克思恩格斯列宁斯大林著作编译局. 马克思恩格斯选集：第1卷[M]. 北京：人民出版社，2012：404.

② 中共中央马克思恩格斯列宁斯大林著作编译局. 马克思恩格斯选集：第1卷[M]. 北京：人民出版社，2012：404.

一方面，资本主义的经济全球化，造成一种盲目的、异己的力量，使无产阶级和落后国家"陷入绝境"，因此"无产阶级只有解放全人类，才能最终解放自己"，它为人类将如何面对其共同命运指明了最终的方向。

二、从生产关系方面揭示资本主义主导的全球化的不平等性

经济全球化是人类社会发展的必然趋势。迄今为止，它又一直处在国际垄断资本的支配之下，遵循资本扩张的逻辑。《共产党宣言》写道："资产阶级挖掉了工业脚下的民族基础。古老的民族工业被消灭了，并且每天都还在被消灭。"[1] 事实正是如此。广大的亚非拉国家在20世纪中叶轰轰烈烈的反殖民斗争中取得胜利，建立了独立的主权国家。但至今没有真正摆脱旧的资本主义生产方式主导的经济秩序所造成的不平等地位。这种不平等性主要表现在两个方面。

第一，通过维持旧的国际分工体系剥削发展中国家，加剧了世界各国发展的不平衡。资本主义主导的经济全球化过程是消除资本跨国活动障碍的过程，它所主导的经济全球化，实质是资本主义霸权的全球扩张。发达国家凭借它们的资本和技术优势、国际分工体系和国际经济事务中的优势地位，依靠它们主导的资本主义剥削性质的国际生产关系，使发展中国家继续处于全球分工体系的底端，充分利用发展中国家的市场和廉价劳动力，攫取大部分发展中国家的"生产剩余"。

在科技革命推动下的经济全球化浪潮，使各国的经济发展和国家综合国力有了深刻的变化。但是，发达国家通过维持旧的国际分工体系剥削发展中国家的做法，并没有改变。近年来，发达国家利用技术和信息垄断，

---

[1] 中华商标协会. 美国商务部发布2016美国知识产权密集型产业报告[R]. http://www.cta.org.cn/ppyj/llyj/201612/t20161207_46804.html.

通过修订WTO规则，推行知识产权保护的做法，收割发展中国家对其技术依赖的"韭菜"。美国商务部2016年4月份发布的《知识产权与美国经济：2016年更新报告》显示：依靠版权、专利和商标保护，知识产权密集型行业创造的GDP超过5万亿美元，占美国GDP约38.2%。[①]根据瑞士信贷银行发布的《2017年度全球财富报告》：欧洲和北美分别拥有世界总财富的36%和28.4%，而拥有世界人口总量58%的拉丁美洲、非洲和印度仅拥有全球财富的11.8%。[②]西方左翼学者认为，发展中国家的外向型经济的快速增长，实际上不仅调节了发达国家生产与消费的不平衡，支持了世界经济在帝国主义体系下的继续发展，而且支撑着帝国的繁荣。

自资本主义生产方式诞生以来，资产阶级政治经济学总在宣传一种观念：只要开放国门实行自由贸易、自由竞争，落后国家终究会赶上或超过发达国家。20世纪80年代以来，由美国政府所主导和推行的新自由主义，倡导小政府、私有企业、自由贸易和善待外国投资。他们指责发展中国家的保护主义和政府干预是"错误"的政策，批评拉丁美洲国家的20世纪60年代和70年代是"糟糕的过往岁月"。"然而，拉丁美洲国家在20世纪80年代全面接受发达国家的新自由主义政策之后，却陷入了严重的债务危机，人均收入增长率仅1.7%，还不到'糟糕的过往岁月'的1/3，负债率高达国内生产总值的60%。而这一期间，发达国家利用科学技术上的绝对优势和发展中国家对其技术上的依赖，利用技术、信息垄断等手段，每年从拉美国家索取的超额利润达300亿—500亿美元"。[③]所谓"拉美陷阱"，并不是发展中国家进入中等收入阶段必然遭遇的"中等收入陷阱"，而是拉美

①瑞士信贷银行瑞信研究院. 全球财富报告：危机十年后我们的现状如何[EB/OL]. https://www.credit-suisse.com/corporate/sc/articles/news-and-expertise/global-wealth-report-2017-201711.html.

②舒展. 唯物史观视域的"特朗普现象"及其时代[J]. 南京理工大学学报，2017（5）：52—57.

③刘子源. 贸易保护主义害人害己[N]. 人民日报，2017-02-26（05）.

国家全面接受了西方发达国家的所谓新自由主义政策之后，对于本国经济主权和经济自主性的保护不力，民族工业遭到跨国垄断资本冲击的结果。西方左翼学者认为，全球化对发展中国家经济的冲击，不仅仅是市场机制对处于竞争劣势的发展中国家作用的结果，更主要的是国际垄断资本主义阶段经济全球化的霸权实质造成的。

第二，作为国际规则的制定者，以经济全球化的双重标准维护其在世界格局中的不平等利益。国际金融危机之后，资本主义国家出现逆全球化趋势，充分暴露了发达资本主义国家主导的全球经济秩序，为了确保自身在世界格局中的独占红利，在国际规则制定过程中实行双重标准。第二次世界大战后，发达资本主义国家一直以援助预算和国内市场准入为条件，利用其所控制的国际货币组织、世界银行和世界贸易组织，将它们的贷款与受惠国采纳新自由主义政策的条件相结合，诱使发展中国家拆除关税和非关税保护，宣扬自由就是效率。但当经济全球化形势不利于资本主义利益的时候，发达资本主义国家就由经济全球化的鼓动者，转化为逆生产力趋势的经济全球化反对者。

2008年金融危机以后，发达资本主义国家都逐步加大了对本国产业的保护力度，推出了一系列贸易保护措施，表现出在推行经济全球化的自由贸易主张方面的出尔反尔。英国经济政策研究中心发布的《全球贸易预警》的数据显示，"2008—2016年，美国对其他国家采取了600多项贸易保护措施，位居各国之首"。[①]尤其是特朗普当选美国总统以后，实施了一系列以提高关税为核心的贸易保护措施，国际贸易保护主义倾向更加突出。尽管表面上特朗普政府退出了TPP，但美国接着指定中国为汇率操纵国，可以更自如地封锁对中国的市场。自2018年3月美国总统特朗普以"国家安

---

① Seth. J. Frantzman, Seven years later: The Arab Spring's messy endings, The Jerusalem Post, Jan 15, 2018.

全"为由，以霸凌的姿态针对中国《中国制造2025》行业价值2000亿美元的商品，征收10%—25%的关税。与此同时，世界主要发达资本主义国家先后宣布退出全球性的经济和社会合作组织。2016年6月，英国退出欧洲联盟；2017年1月至11月，美国先后宣布退出跨太平洋伙伴关系协定、巴黎气候协定、联合国教科文组织等全球性经济和社会组织。世界主要发达资本主义国家先后宣布退出全球性的经济和社会合作组织，不仅违背经济全球化的时代发展趋势，而且也给全球经济的发展带来了不稳定因素。

在国际金融领域也是如此。例如美国作为世界最强金融帝国，一方面作为国家长期战略目标以金融自由化国际化为借口，对外国金融市场进行渗透和扩张；另一方面又制定严密的法规防范外资进入本国金融领域。美国2007年通过的《外商投资与国家安全法》规定，只要外国投资涉及美国敏感资产"涉及控制权变更"，国家外资委员会就会启动国家安全调查，即使所涉低于10%的门槛。与此同时，美国却竭力游说中国放开对外资进入中国金融领域的限制。这是作为国际规则制定者的发达资本主义国家，在经济全球化舞台上奉行的充满伪善的双重标准，只关注自身利益，而无视世界各国的普遍权益。

三、经济全球化秩序的不平等性导致资本主义世界各种矛盾冲突的尖锐化

资本主义造就经济全球化，又通过经济全球化掠夺全世界。资本主义越来越走向它的反面。在推动经济全球化的进程中，资本主义不可克服的内在矛盾日益尖锐化。

第一，发达国家与发展中国家的矛盾愈益走向经济政治文化的全面冲突。西方发达国家主导的经济全球化，在向全球推行资本主义生产方式的

同时，也在推行他们的文化价值观念、意识形态和社会制度，以维护其在现存国际体系中的格局红利。马克思在《共产党宣言》中提到，民族的国家的冲突必然随着资本主义的全球扩张而日益扩大和尖锐。

新自由主义鼓吹的经济全球化，着力强调要推行以超级大国为主导的全球经济、政治、文化一体化，即全球资本主义化。但作为生产力发展的一个自然历史过程，经济全球化并不排除世界各国政治和文化的多元化，更不等于全球经济、政治、文化统一于垄断资本逻辑的一体化。随着经济全球化的深化，资本主义主导的经济全球化不仅造成全球财富分配失衡的加剧，更导致国家间基于经济利益、政治制度、文化价值观念的矛盾冲突的尖锐化。

经济全球化是加快经济增长速度、传播新技术和提高富国和穷国生活水平的有效途径，但西方发达国家主导的资本主义经济全球化，却是一个侵犯国家主权、侵蚀当地文化和传统、威胁经济和社会稳定的一个充满争议的过程。以阿拉伯国家为例，在20世纪中期取得反殖民胜利之后，阿拉伯国家曾经有过经济发展辉煌的20年，依靠石油资源建立的分配型社会，人均收入达到高收入国家水平。但自从以美国为首的发达资本主义国家实行以确保自身绝对安全为目标的以石油美元为核心的能源战略以来，阿拉伯国家进入了经济发展停滞时期，"从1984—2008年，人均GDP增长率平均每年不足0.5%。特别是受国际金融危机影响之后，失业率居高不下，青年人的失业率高达30%—50%"。[①]"阿拉伯之春"后，本该给当初发起这场革命的几个国家，以及中东和北非的邻国们带来和平、民主与稳定，然而，十多年过去了，这里暴力和混乱不断，人民生活和生命安全处于不安和动荡之中。而在拉丁美洲国家，反对资本主义主导下不平等的经济全球

---

① 李慎明. 世界社会主义跟踪研究报告（2016—2017）[M]. 北京：社会科学文献出版社，2017：211.

化的呼声,从来就没有停止过。

第二,经济全球化在发达国家内部同样因社会不平等的扩大,而导致国内矛盾的尖锐化。21世纪初的金融危机之后,发达资本主义国家为了摆脱危机,实现新一轮的资本积累,促使它们更倾向于在资本主义体系的边缘和外围寻求积累空间,使国内工人阶级的就业状况更加恶化,导致社会矛盾积累和草根阶层的积怨。2015年年底美国《福布斯》杂志公布的一项研究表明,2015年美国福布斯富豪榜前400名上榜人物所拥有的财富,高于美国中下层民众所拥有财富的总和。"通过对美国顶级公司的数据调查显示,国际金融危机后,顶级公司的利润不降反升,这些收益是通过大规模裁员和强化对雇员的剥削而来,CEO的收入与工人的收之比从1995年24:1跃升为2010年的325:1。2013年美国经济停滞,伴有超过5000万失业人口的状况下,华尔街最具'投机性行业'的投资公司和经纪行的利润却增加了40%"。①发达国家的工人有一种"被排除在经济增长成果之外的感受",随着工人阶级不满情绪的增强,工人罢工等抗议行为明显增多。美国学者佩特拉斯认为,抽离资本主义促进生产力方面的积极作用恰恰封堵了资本主义发展的路径。

第三,从经济上的不平等导致文化、意识形态的冲突和危机。从2010年的"阿拉伯之春"之后,并未出现西方人权改造下的和平富裕,反而使文化冲突与经济萧条加剧;2011年发达国家内部的"占领华尔街"运动,使越来越多的发达国家的民众看到,西方民主面纱之下资本暴力的本性,并开始反思世界上的社会主义和进步力量对资本主义批判的观点和主张。

在一些国家,急剧下滑的经济和不断攀升的失业率导致社会动荡,进而冲击地区稳定。一向被西方世界视为忌讳的 "社会主义"一词,成了欧

---

① 李慎明. 世界社会主义跟踪研究报告(2016—2017)[M]. 北京:社会科学文献出版社,2017:215.

美年轻人的热门词语。在马克思的故乡德国，《资本论》成了畅销书，销量居然是1990年的100倍。世界各地纪念《共产党宣言》170周年、马克思200周年诞辰的学术和社会活动，表明了欧美民众对自由资本主义机制的信心动摇，这种信心的缺失，显然比对信贷、对金融失去信心更具颠覆性，更令人惶恐。虽然，资本主义的自我调节和创新能力还很强，在世界范围的"资强社弱"的态势没有根本改变，但资本主义正成为经济全球化的保守力量，应对全球问题的治理能力日渐捉襟见肘。著名左翼杂志《每月评论》的负责人弗瑞德·马格多夫认为，资本主义制度下，私人利益居上，导致一系列涉及公共利益的问题，例如全球变暖问题、有序经济秩序的创立以及国家卫生保健体系的构建等，这些问题的解决都会在私人资本的主导下流于破产。

虽然未来无法具体预测和描绘，但资本主义自身原因导致资本主义体系必然走向终结。美国学者认为，时至今日，明确从资本主义内在特征来阐明其体系的不平等这一点而言，马克思依然是最重要的思想家。[①]资本主义的发展历程在经济全球化道路上载浮载沉，资本主义制度的基本矛盾不断地加深、扩展，随着经济全球化的推进而走向自己脉络的末梢。列宁说道："帝国主义阶段的资本主义紧紧接近最全面的生产社会化，它不顾资本家的愿望与意识，可以说是把他们拖进一种从完全的竞争自由向完全的社会化过渡的新的社会秩序。"[②]

---

① 理查德·沃尔夫. 真正的改变离不开马克思主义[N]. 人民日报, 2018-02-22（03）.
② 中共中央马克思恩格斯列宁斯大林著作编译局. 列宁选集：第2卷[M]. 北京：人民出版社, 1995：5933.

四、马克思主义经济全球化思想的当代继承和发展

尽管世界资本主义和社会主义的时代特征都发生了很大变化，但是《共产党宣言》对当今世界经济全球化趋势仍然有强大的解释力。在《共产党宣言》发表170周年和马克思200周年诞辰之际，马克思主义对资本主义的批判，正重新引起欧美学者的关注，并激发更多关于后资本主义社会经济制度的思考。

当然，马克思和恩格斯在《共产党宣言》发表之后的近半个世纪内不断提醒人们："这些原理的实际运用……随时随地都要以当时的历史条件为转移。"①《共产党宣言》的精神只有同时代特征和各国的社会主义实践相结合，才能在实践中不断得到丰富和发展，从而永远保持旺盛的生命力。

在经济全球化时代，强调国际交往过程你中有我、我中有你的利益共同体，将日渐成为人类社会存在的主要形式。《共产党宣言》指出："不恢复每个民族的独立和统一，那就既不可能有无产阶级的国际联合，也不可能有各民族为达到共同目的而必须实行的和睦的与自觉的合作。"②习近平总书记提出的人类命运共同体思想，正是依据这样的理论来源发展起来的，其核心是世界各国互利共赢、和平发展的新型经济全球化秩序。

第一，顺应经济全球化的必然性，"求同存异"处理全球化的"同"与"异"。经济全球化是人类历史发展的必然，是社会生产力的进步。在经济全球化进程中，伴随着经济全球化处于不同发展阶段的国家，其政治、文化、意识形态等上层建筑，是否以及如何走向全球化，是近百年来

---

① 中共中央马克思恩格斯列宁斯大林著作编译局. 马克思恩格斯选集：第1卷[M]. 北京：人民出版社，2012：386.
② 中共中央马克思恩格斯列宁斯大林著作编译局. 马克思恩格斯选集：第1卷[M]. 北京：人民出版社，2012：297.

围绕全球化争论的主题。在2015年第七十届联合国大会上，习近平主席呼吁："当今世界，各国相互依存、休戚与共，我们要顺势而为，推动构建以合作共赢为核心的新型国际关系，打造人类命运共同体。"[①]在2016年二十国集团工商峰会开幕式上习近平提出："我们应该求同存异、聚同化异、共同构建合作共赢的新型国际关系。"[②]在这里，"合作共赢"是"同"；各国政治文化多样性是"异"。求同存异、合作共赢的人类命运共同体思想，就是全球化的"同"和"异"的辩证组合。这个"同"是人类发展同一命运、同一利益、同一安全、同一地球的"同"，而不是资本逻辑在全球扩张的"西方中心论"的"同"。在21世纪初甚至更长时期，实现马克思所论证的"高度共同体"只是未来趋势而不是现实条件；但是，抹杀各国各民族在政治文化上的差异性，打造以西方少数国家利益为标准的、资本剥削逻辑的"共同体"也是不可能的、是违背历史发展规律的。人类命运共同体思想，体现了顺天应人、和而不同的时代观和价值观，成为"幻想共同体"向"真正的共同体"转化的现实替代方案。

第二，以合作共赢原则克服全球秩序的不平等性、拓展了发展中国家走向现代化的途径。在世界格局大发展大变革大调整的时代背景下，世界各国和各文明如何在尊重多样性和差异性基础上，人类命运共同体思想倡导通过合作共赢形成命运攸关、利益相连、相互依存的国家集合体。2015年第七十届联合国大会上，习近平主席呼吁："只有在多样中相互尊重、彼此借鉴、和谐共存，这个世界才能丰富多彩、欣欣向荣。"[③]

就如马克思在1848年《关于自由贸易的演说》的态度："不要以为我

---

① 习近平. 携手构建合作共赢新伙伴 同心打造人类命运共同体[N]. 人民日报，2015-09-29（02）.

② 习近平. 中国发展新起点全球增长新蓝图[N]. 人民日报，2016-09-04（03）.

③ 习近平. 习近平谈治国理政：第2卷[M]. 北京：外文出版社，2017：524.

们之所以批判自由贸易是打算维护保护关税制度。"[①] "保护关税制度在现今是保守的，而自由贸易制度却起着破坏的作用"。[②] 这彰显了马克思主义关于生产力和生产关系的辩证关系在经济全球化进程的科学运用。我们积极参与经济全球化，但是反对不平等的全球资本主义化。而我们的反对形式并不是主张对抗与冲突，而是提倡相互尊重、合作共赢、和平发展。对于生产力发展必然性的顺应，对经济全球化进程中资本主义生产关系的落后性的斗争，是同一事物的两个方面。

改革开放的巨大成就证明了我国参与经济全球化过程所秉持的道路、制度、理论和文化的正确性。在积极参与经济全球化的过程中，我们始终坚持中国特色社会主义道路，反对西方国家倡导的新自由主义政策。坚持马克思主义使我们对经济全球化始终保持清醒的认识，强调经济社会发展中的自主性，因此避免落入发展中国家在经济全球化过程中的"陷阱"。人类命运共同体思想，既是对马克思主义经济全球化思想的继承，也是改革开放40多年来的经验总结，现实性、可能性和斗争性兼备。中国特色社会主义道路、制度、理论和文化的不断发展，拓展了发展中国家走向现代化的途径，给世界上那些既希望加快发展又希望保持自身独立性的国家和民族提供了全新选择。

第三，以共商共建共享的实际行动，化解和管控全球治理中的国家矛盾与分歧。21世纪的经济全球化面临一系列新的挑战，发达资本主义主导的"西方中心论"的全球治理体系的弊端日益突出，国际秩序面临大转型时期，发达国家对全球经济的贡献下降，发展中国家特别是新兴经济体的贡献明显上升。我国从世界和平与发展的大义出发，为处理当代国际关

[①] 中共中央马克思恩格斯列宁斯大林著作编译局. 马克思恩格斯选集：第1卷[M]. 北京：人民出版社，2012：274.

[②] 中共中央马克思恩格斯列宁斯大林著作编译局. 马克思恩格斯选集：第1卷[M]. 北京：人民出版社，2012：275.

系贡献中国智慧，为完善全球治理贡献中国方案，为人类社会应对21世纪的各种挑战做出自己的贡献。包括"一带一路"倡议、亚洲基础设施投资银行的建立、助力国际减贫进展、推动全球气候治理、倡导共同构建网络空间命运共同体等，就是要实践人类命运共同体。中国减贫事业的巨大成就，使全球经济增长更加包容。1950—2016年，中国累计对外提供援助4000多亿元人民币。国际货币基金组织认为，2017年中国对全球经济增长的贡献约占1/3。作为世界经济增长的引擎，中国同一大批国家的联动发展，使全球经济发展更加平衡。通过"一带一路"倡议赢得了国际社会对中国"大国责任与担当"的积极响应。

人类命运共同体思想主导下的新型经济全球化不仅保障中国利益，而且维护各国人民和全人类的整体利益最大化。构建人类命运共同体思想陆续被写入联合国决议、安理会决议，彰显了中国理念对全球治理的重要贡献。习近平同志在十九大报告中指出："中国决不会以牺牲别国利益为代价，也决不会放弃自己的正当权益。"[①]在习近平新时代中国特色社会主义思想指导下，利用资本主义经济全球化，然后创造出我们自己的物质条件，实现遵循人类命运共同体思想的经济全球化，这是对资本主义经济全球化的辩证发展，是对马克思经济全球化思想的继承和发展。

---

① 习近平. 决胜全面建成小康社会夺取新时代中国特色社会主义伟大胜利——在中国共产党第十九次全国代表大会上的报告 [M]. 北京：人民出版社，2018：59.

附录2

全球化视域下的
国家经济安全与国家经济自主性[①]

全球化时代，国家经济安全问题受到各国的普遍关注。从国际维度看，随着我国经济全方位开放的日益深化，在参与国际经济活动的机遇日益增多、外部环境利我因素增加的同时，不利于我国的因素和风险也在增加。从国内维度看，我国经济发展已进入传统意义上的工业化中期甚至中后期，经济发展方式和社会治理模式亟待转变。对经济发展和社会运行中的任何重大问题的处理稍有不慎，即可能使我们最为根本的经济利益受到不同程度的伤害，影响我们迈向小康社会的进程。基于我国目前现状，建议制定以增强经济发展自主性为核心的国家安全战略，以期实现由经济大国向经济强国转型。

一、国家经济安全与国家经济自主性的关系

1. 国家经济安全

国家经济安全是国家安全的重要组成部分。关于国家经济安全的内涵，学术界主要有两种界定。第一种"状态论"认为，"国家经济安全是指在经济全球化条件下，一国经济发展和经济利益不受外来势力根本威胁的状态。它具体体现在国家经济主权独立，经济发展所依赖的资源供给得

[①] 舒展，刘墨渊. 国家经济安全与经济自主性[J]. 当代经济研究，2014（11）：29—34.

到有效保障，经济的发展进程能够经受国际市场动荡的冲击等"。①"经济安全是指一国在世界经济一体化条件下保持国家经济发展的独立性，所有经济部门稳定运行，公民具有体面的生活水平，社会经济稳定，国家完整，各民族文化具有自己的独特性"。②第二种"状态与能力并重论"认为，"经济安全是指在开放的经济条件下，一国为使国民经济免受国内外各种不利因素干扰、威胁、侵袭、破坏而不断提高其国际竞争力，从而实现可持续发展、保持经济优势的状态和能力"。③"国家安全是指一国最为根本的经济利益不受伤害，在国际经济生活中具有一定的自主性、自卫力和竞争力。"④美国著名国际关系学者罗伯特·吉尔平将经济安全定义为："经济竞争力及其带来的相应的国际政治地位和能力。"⑤

我国学术界对国家经济安全的关注，始于改革开放初期，当时讨论的热点在于参与经济全球化对于我国经济发展的利弊分析，核心是经济全球化，而不是国家经济安全问题本身。随着国际金融危机的爆发，对国家经济安全问题的讨论焦点在我国更深层次参与经济全球化过程中，如何抵御和防范世界性危机的外部冲击，确保国家经济安全。

2. 国家经济自主性

中华人民共和国成立七十多年来，一直强调独立自主的外交原则。特别是改革开放40多年来，坚持独立自主前提下，积极扩大对外开放，参与全球经济合作，是中国实现跨越式发展的重要途径。党的十八大报告重申独立自主的和平外交政策，坚决维护国家主权、安全、发展利益，重申互利共赢的开放战略，坚持权利和义务相平衡，积极参与全球经济治理。

---

① 史忠良. 参与经济全球化必须注意国家经济安全[J]. 经济经纬，2002（1）：22—24.
② B.梅德韦杰夫. 俄罗斯经济安全问题[J]. 国外社会科学，1999（1）：25—32.
③ 柳辉. 扩大内需：我国经济安全的战略选择[J]. 华东经济管理，2001（4）：41—43.
④ 雷家骕. 国家经济安全理论与分析方法[M]. 北京：清华大学出版社，2011：4.
⑤ 罗伯特·吉尔平. 世界政治中的战争与变革[M]. 北京：人民大学出版社，1991：125.

国家经济自主性的内涵，要从国家自主性说起。关于国家自主性，作为国家主权的属性之一，国内外的政治学者对此研究比较充分。主要存在两个谱系：一是源于马克思主义到西方马克思主义的谱系，国家与社会的关系是基本分析模型；二是源于韦伯到新制度主义政治学的谱系，国家的政治制度成为其基本分析模型。

国家自主性包括政治自主性和经济自主性。经济自主性的内涵，目前尚无学者专门阐述。国家经济自主性，是指一国经济发展的自主能力，其内在地依赖于两个方面：一是国内的社会经济结构，二是国家所处的国际体系。传统民族国家的经济自主性，在国际关系上的表现形式，主要是一国政府拥有对外经济活动中的自主决策权。这种自主决策权又体现在两个方面：一是自主参与国际经济活动的权利；二是自主参与国际经济活动、保护国家利益安全的能力。

由于对国家自主性研究的主要是政治学者，因此，开展国家经济自主性研究的学者不多，直接论述国家经济自主性的文章更少。程恩富教授是国内最早，并且始终倡导国家经济自主发展的学者。他主张建立"三控型"民族企业集团（控资本、控品牌、控技术）确保经济全球化进程中的民族产业安全，在参与发达国家主导的全球化进程中谋求国家利益的对半式双赢；构建知识产权优势理论和策略，实现民族经济在全球国际竞争中的自主发展；转变对外经济发展方式必须实现"五个控制和提升"，统筹国内经济发展与对外开放的关系；适当控制对外经济的各种依存度、依赖性和风险性，不断完善独立与开放有机结合的工业体系和国民经济体系，加大自主知识产权体系和自主发展，加快向充分自主型发展方式的转变；[①]提出了比较完整的充分自主发展的开放思想。

---

① 曹雷，程恩富. 加快向充分自主型经济发展方式转变：基于经济全球化视野的审思[J]. 毛泽东邓小平理论研究，2013（8）：26—32.

　　此外，还有一些学者认为，经济全球化是帝国主义垄断资本财团的全球化，也是社会主义的全球化，中国能否保持主体性、能否坚持独立自主，核心就在怎样对待已有的社会主义制度和体制。在全球化的背景下，中国的发展道路实际上是一个有效发挥国家自主性的过程。目前改革的重点应该是通过国家自身的改革来推动其他方面的改革，进一步提升自主性和国家能力。"国际金融危机的爆发，让我们进一步看清了社会主义只有坚持自主发展，才能克服包括新自由主义、消费主义在内的西方发展模式的严重弊病和危害"。[①]需要指出的是，经济全球化改变的不是国家主权原则，而主要是国家的经济发展自主性。我们所谈论的经济全球化对国家主权的削弱，实质上是指对国家经济自主性的削弱和限制。

3. 国家经济安全与国家经济自主性的关系

　　国家经济安全内涵"状态论"和"状态与能力并重论"的分歧，实质是没有区分国家经济安全和国家经济自主性的边界。国家经济安全是一国经济发展和经济利益不受外来势力根本威胁的状态；国家经济自主性是一国自主地参与国际经济活动而不受外来势力根本威胁的能力。国家经济安全是存在状态和表象；国家经济自主性是内在素质和本质。强大的国家经济自主性，是国家经济长期处于安全状态的保障；国家经济的安全状态，反映了国民经济体系具有较强的自主性。因此，国家经济安全和国家经济自主性正相关，但两者并非一回事。有时，国家经济表面看来是安全的，但国家经济发展的自主性却有削弱的迹象，经济发展存在隐患，最终是不安全的。

　　国家经济安全问题的研究对象，不仅涉及国家经济全局性安全，还包括能源安全、粮食安全、金融安全等各子领域，研究的目的在于通过对存

[①] 李龙强，罗文东. 全球化、金融危机与社会主义自主发展[J]. 山东社会科学，2012（8）：11—15.

在状态的监测、预警、应对等，维护国家可持续发展。国家经济自主性的研究对象，是国家经济可持续发展的能力，包括经济竞争力、应变力和凝聚力。研究国家经济自主性的目的在于确保国家安全战略制订的准确性，从而实现国家经济利益的长治久安。不管是经济全球化还是资本主义经济危机，其对民族国家经济发展的影响，应注重考量其对经济发展长期安全的保障问题，即经济发展的自主性问题。

二、世界经济格局的变化及对国家经济安全的新挑战

当今世界正处于大变革大调整时期，世界格局正悄然发生重组。各个国家、各种国际组织和其他经济政治主体都在努力调整自己及相互间关系，国家安全和国家经济利益至上的理念和策略，在各国持续强化。

1. 世界经济格局的变化

第一，从国际贸易格局看，国际贸易增速放缓，经济增长对贸易增速刺激效应减退；区域贸易安排已成为各国争取市场资源、扩大发展空间和提升国际地位的战略手段。一方面，2008年爆发金融危机，此后五年，虽然随着世界经济缓慢复苏，全球贸易渐趋恢复，但国际贸易增速较危机前显著放缓。根据IMF统计数据，2012年全球贸易增速为2.71%，2013年为2.92%。[1]欧美日等发达国家的经济陷入不同程度的增长乏力甚至是负增长，但发达国家凭借其自身明显的优势，在未来相当长的一段时间内仍然是全球贸易的主要载体。另一方面，金融危机以来出现了一股去全球化、逆全球化潮流，世界主要国家转而求诸区域安排。一个以区域贸易安排（RTA）为主体、以自由贸易协定（FTA）为主要形式的国际贸易新格局

---

[1]中国出口信用保险公司. 行业风险预警信息[Z]. 2013（18）.

正在形成。截至2013年7月，向WTO通报且已经生效的区域贸易安排已达到379个，其中90%为自由贸易协定和局部自由贸易协定。①

第二，从国际投资格局来看，产业投资流向发生了新变化。为了摆脱金融危机的影响，发达国家相继提出"再工业化"政策，投资保护主义风险增加，如欧洲"2020战略"，实行对特定行业进行金融支持等措施，发达国家跨国公司制造业出现了持续回流现象。同时，将低端产业投资从新兴经济体中撤出，或者减少增量，转投至成本更低的国家。新兴经济体跨国企业也正在加强对发达国家的投资。据联合国贸发会议最新公布的《全球投资趋势监测报告》显示，2013年上半年发展中国家和转型国家吸引的外国投资与去年同期相比增长4%，但发达国家的外国投资出现下降。②

第三，从国际金融市场动向看，金融环境较为脆弱，市场变化持续动荡。据英国《金融时报》文章称，目前，欧元区经济有了复苏迹象，市场对欧元区看法已有了根本性改变。但是，欧元区危机的间歇性表现，仍是国际金融市场的重要风险源。欧元区失业率仍高于12%，衰退已触发了通胀减缓进程。在金融资本流向方面，主要国家货币当局纷纷采取的传统和非传统宽松货币政策，造成全球流动性再度泛滥。发达国家银行体系去杠杆化进程持续，但对新兴经济体持有的债权却有增加。在全球外汇市场中，2013年下半年来，由于欧元区的财政调整和分裂危险消除，跟美元相比，欧元似乎"更有实力。"相对于美元而言，欧元汇率逐渐地靠近1.40美元，达到近两年以来的最高水平。而QE3的推出，美元货币安全港效应表现出先升后降，重新落入中长期的贬值通道。

第四，国家保护主义抬头。受近年来金融危机与主权债务危机的接踵冲击，国家保护主义再度抬头，国家竞争更加激烈。随着反全球化呼声

---

① 中国出口信用保险公司. 行业风险预警信息[Z]. 2013（18）.
② 中国出口信用保险公司. 行业风险预警信息[Z]. 2013（18）.

高涨，各经济体间贸易摩擦不断，且从产品延伸到产业、从贸易延伸到投资。随着各国对环境保护、低碳经济、气候变化以及新技术、新材料的研发和应用等方面关注的转向，越来越多的国际组织和非政府组织参与到规则的制定过程中，国际竞争的复杂性加大。伴随"区域自由贸易协定"的新趋势，国家间的竞争向区域经济集团间的竞争转变，发达国家与新兴经济体之间对全球经济贸易格局主导权的争夺，将深刻改变各国的国家利益观和经济安全战略。

2. 对我国经济安全的挑战

世界经济格局的变化给我国的国家利益和经济安全带来多方面的挑战。从国际维度看：作为社会主义国家的新兴经济体，我国在以资本主义主导的经济全球化背景下，虽然经济总量和综合国力取得了巨大的发展，但承受的阻力和挑战也在加剧，具体表现为：

第一，世界现有经济强国的国家利益观对我国经济安全的挑战在加剧。发达国家为了保持其在国际经济体系中的格局红利，如美国主导的TPP和TTIP谈判，试图重构国际贸易和投资规则，其谈判的核心是达成"诸边服务协议"，打造有利于发达国家的高端产业链。TPP现有12国GDP和贸易总量占全球的40%左右，TTIP即美欧两大经济体GDP总量约占全球50%，贸易额占全球30%。①发达国家试图借此摆脱经济危机的影响，强化保持全球经济的主导地位。中国面临二次入世的风险。我国目前不具备加入TPP条件，TPP和TTIP谈判有可能架空亚太经合组织（APEC），打乱"10+X"为主的亚洲区域合作进程，给中国在亚太地区的安全带来负面影响，挤压中国正当的利益和战略空间。

第二，全球经济市场竞争日趋激烈，中国已然成为全球范围内遭受

---

① 张其佐. 美国加速推动建立TPP和TTIP：动因何在？影响何在？[N]. 光明日报，2013-06-12（07）.

保护主义措施最严重的国家。发达国家在国际上主导国际贸易和投资新规则，抬高在知识产权、金融监管、政府采购、环境与劳工等方面的标准；在本国国内实行"再工业化""2020战略""重生战略"等措施；挤压中国的发展空间，使中国在未来的国际竞争中处于被动地位。发展中国家都在调整发展模式，重塑和加快发展具有比较优势的产业，抢占国际分工点。国家贸易救济措施、反倾销起诉、干涉中国企业的对外投资等事件频频发生，我国面临的外部经济环境对国家经济安全的挑战日趋严峻。

第三，全球性的各种安全问题交织显现。近年来，中国"威胁"论甚嚣尘上，周边海域围绕主权矛盾和海洋资源控制权的地缘政治冲突纷纷扰扰，中国的生存和发展空间受到影响。中亚、北非等地区政局动荡不安，气候变化等因素带来的全球生态与环境压力，给我国经济发展的总体外部环境提出了新的挑战。

从国内维度看：在融入西方发达资本主义国家主导的经济全球化过程中，资本主义的各种矛盾和弊病，给我国国家民族经济的安全，包括产业安全和金融安全，甚至于国家凝聚力和稳定团结等等带来了风险和隐患。

第一，对我国产业安全和民族经济竞争力的挑战。中国加入WTO以来，与贸易有关的投资措施协议使外资大量涌入，2012年中国实际使用外资（FDI）金额1117.2亿美元，[1]连续20年成为利用外资最多的发展中国家。但是，据商务部《2004年跨国公司在中国报告》，跨国公司子公司产品已占据中国国内1/3以上份额。[2]中国经济的迅猛发展，外资企业充分享受了我国经济调整成长所带来的好处。除军工等极少数国家核心行业外，外资在我国二、三产业都占有较高的股权和市场控制权。随着TPP和TTIP投资规则

---

① 中华人民共和国商务部. 商务部例行新闻发布会[R/OL]（2013-01-16）. 主页/新闻发布/例行新闻发布会/文字直播. http://www.mofcom.gov.cn.

② 中国宏观经济信息网. 警惕外资 控制中国经济[R/OL]（2006-02-14）. 主页/中宏速递/今日观察. http://www.macrochina.com.cn.

的提高，对我国产业安全又会产生新一轮的负面影响。民族企业包括国有企业和民营企业的产业核心竞争力不足，科技创新能力有待进一步提高。据统计，按照2011年的相关数据进行综合比较，中国的科技创新水平指数在全世界排名18，技术进步对经济增长的贡献率仅为40%。①

第二，国际金融动荡、重大冲突对我国经济的金融安全和危机应变力的挑战。按照国际惯例，一国金融安全要有发达稳健的金融体系，具有可自由兑换的国际货币。据IMF统计，2010年人民币在国际储备货币中的占比还不到1%。据汇丰银行报告，2012年中国进出口贸易使用人民币结算的比重达到12%，②但是人民币在国际金融市场上的大宗商品定价权非常有限。由于美元的霸主地位，加上对中国技术引进和国外企业并购等等的限制，中国的巨额外汇储备存在潜在风险，需要谨慎对待，以确保金融安全和经济稳定。

第三，发达国家主导的世界经济体系的实质对民族国家凝聚力的影响。西方发达国家主导的全球化，在向全球推行资本主义的生产方式的同时，也在推行他们的文化价值观念、意识形态和社会制度，以维护其在现存国际体系中的格局红利。随着中国经济的崛起，现有强国制约甚至阻挠中国发展的因素在加剧，恰逢国内进入全面深化体制改革的工业化中期，社会阶层分化，体制转型过程中新的社会问题交织出现，国家稳定和社会安全的风险加大，民族国家的凝聚力受到挑战。

纵览国际国内大环境，要顺利实现经济强国梦，维持国家经济社会长治久安，必须立足于全球视野，以增强国家经济自主性为核心，构筑国家经济安全战略。

---

① 魏礼群. 由经济大国到经济强国的发展战略[J]. 全球化，2013（6）：6-23.
② 魏礼群. 由经济大国到经济强国的发展战略[J]. 全球化，2013（6）：6-23.

三、以经济自主性为核心的国家经济安全战略

经济全球化的实质是资本主义霸权的全球扩张，发达国家掌握着更多的资源和优势，把握着大部分国际经济规则的制定权。发展中国家的经济自主性受到限制和削弱。对于广大发展中国家而言，如何认清自身经济安全状态和国家经济自主性的实力，是应对全球化的新挑战，建立国家经济安全战略的重要前提。

1. 基于经济安全状态与自主性的四种国家类型

国家经济自主性是一国自主地参与国际经济活动而不受外来势力根本威胁的能力，而国家经济安全是一国经济发展和经济利益不受外来势力根本威胁的状态；两者是表象和本质、存在状态和内在素质的关系，两者正相关。但表象与内在有时候并不一致，根据自主与依附、安全与危机两组对立状态四个概念，我们通过象限图可以清晰地呈现一国经济能力与状态的基本描述。

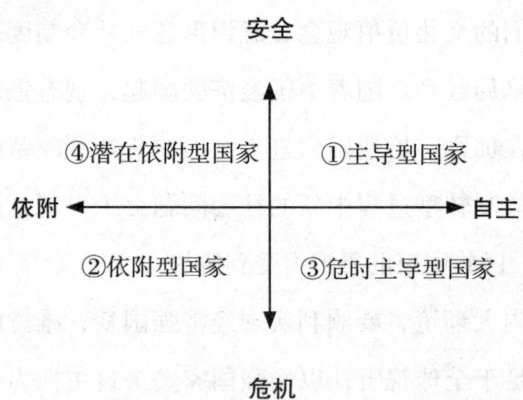

第一种：主导型国家，国家经济自主性和国家经济安全都是状态良好，整体经济的国际竞争力和应变力很强，是国际体系中的主导者。它是非危机时期的发达国家，其国家安全战略的特点是，维护在国际体系中的地位和既得利益，同时以主动进攻的方式，寻求未来战略格局的制高点。

如美国强调"国家核心利益"的国家安全战略体系，是一种立足于世界范围的"全球战略"。在制定国家经济安全战略时，美国关注如何控制世界市场能源资源的关键产地；为实现全面的经济政治霸权，将其利益延伸到全球化的"侵略"。

第二种：依附型国家，国家丧失经济发展自主性、国家经济处于经济或政治危机状态。殖民主义时代的亚非拉国家，缘于不平等的国际分工体系造成对宗主国的依附，属于这种类型。今天一般指陷入经济困境的发展中国家，本身国民经济体系不健全、处于国际分工体系底端，依赖于主导国的市场、资本和技术，又陷入经济债务危机，或者依赖性缓慢发展。在制定国家安全战略时，难免陷入被动的局面。不少国家以通过保障国家经济安全来保证其经济独立性，减少和摆脱对西方发达国家的依赖。

第三种：危时主导型国家，国家经济自主性强但当前经济陷入危机时期。一般是处于经济危机状态的发达国家，虽然暂时陷入经济危机，但鉴于其有高度化的产业结构，较完善健全的市场体系和金融制度，科技创新能力强，因此经济发展自主性较强，尽管处于危机状态或不安全状态，但较有能力走出危机。因此短时看其国家经济不安全，长期看安全系数较高。此类国家的安全战略主要是在克服危机的过程中通过技术革新，谋求既能走出危机，同时又能抢占未来战略空间，维持国际体系中的中心国地位。

第四种：潜在依附型国家，国家经济处于安全状态但经济发展自主性弱。一般是工业化早期和中期的发展中国家。表面看来国家经济处于安全状态，但产业结构低端化，科技创新能力较弱，并且市场经济体制不健全、金融监管能力不足等等，经济发展的自主性较差。表面的经济安全往往是国家保护或者市场开放度不够的结果。应对和抵抗危机能力较弱，在融入全球化进程和国际经济动荡时期，稍有不慎，会重新陷入依附国局面。此类国家的经济安全战略应着重增强国家经济自主性，以确保国民经济的持久安全。

2. 以经济自主性为核心的国家经济安全战略构想

改革开放４０多年来，从经济总量看中国已经是世界第二大国，国家综合实力不断增强，经济发展的物质基础更加坚实，对外开放程度不断提高。但是经济大国，并不必然是经济强国，其中重要的一环就是国家的经济发展自主性。在全面深化改革、扩大对外开放的进程中，应基于全球战略思维，围绕着增强国家经济自主性的核心，制定国家经济安全战略，最终实现由经济大国迈向经济强国的中华民族复兴的中国梦。

第一，立足于全球视野的国家安全战略。国家安全委员会应适时发挥整体规划、统一协调的作用，制定以经济安全为基础，融合国内安全和国际安全，囊括经济、政治、文化和国土安全的"全球战略"。国家经济安全战略下设各个安全子系统，以产业安全重点，以金融安全为关键，以国有经济安全为基准，围绕着增强国家经济自主性这个核心，打造国家经济竞争力，提高经济领域积极防御的能力。

第二，以高新科技为抓手，"上天入海"，积极拓展战略空间。航空航天和海洋深潜技术的发展，既给国民经济各部门带来直接经济效益；还可以推动产业创新能力和产业结构的快速提升；可以通过外太空战略和海洋战略保障国家的能源和战略资源安全、信息安全和国防安全。以"空海一体化"的军事战略思维，与各大国和国际经济组织周旋，谋划在国际经济格局中的有利位置。

第三，以全球化视野谋划和推动科技创新，坚持走中国特色自主创新道路。科技创新能力是国家经济发展自主性的根本。提高科技创新能力，一靠人才，致力于培养创新人才的教育体制改革是基础；二靠投入，加大对科技创新项目和产业的投资和政策扶持；三靠管理，完善科技创新评价机制。"用经济、军事、政治综合需求拉动的高技术自主创新，推进'军民深度融合和共享力度’，促进军事自主创新成果的大面积扩散”，[①]把全社会智慧和力量凝聚到创新发展上来。

第四，民族产业安全与公有制经济安全是国家安全在经济领域的重要体现，是国家抵御国际经济风险的应变力的基础，也是确保国家战略高效实施的制度基础。一要克服当前我国经济发展方式过度外向，防范丧失自主型经济发展方式而沦入依附型的危险。"适当控制外贸、外资、外产、外源、外技的依存度和外汇的储备度""要在自主开放的科学发展观的指导下，建立起低损耗、高效益、双向互动、自主创新的精益型对外开放模式"。[②]二是在转变经济发展方式的同时，保障民族经济在核心行业的控股权和市场份额。统筹国内经济发展与对外开放的关系，更加注重经济开放中的自主发展、高端竞争、经济安全和国家权益。

此外，国民凝聚力是增强国家经济自主性的政治保障和社会基础。全面深化以促进社会公平正义、增进人民福祉为目的的体制改革，既注重经济、科技、军事、资源等硬实力提高，更注重文化价值观念、政治稳定、国民士气、战略目标等软实力的凝聚，以硬实力依托扩张软实力，实现中华民族的伟大复兴。

---

① 曹雷，程恩富. 加快向充分自主型经济发展方式转变：基于经济全球化视野的审思[J]. 毛泽东邓小平理论研究，2013（8）：26—32.

② 曹雷，程恩富. 加快向充分自主型经济发展方式转变：基于经济全球化视野的审思[J]. 毛泽东邓小平理论研究，2013（8）：26—32.

参考文献

［1］中共中央马克思恩格斯列宁斯大林著作编译局．马克思恩格斯文集：第1卷［M］．北京：人民出版社，2009．

［2］中共中央马克思恩格斯列宁斯大林著作编译局．马克思恩格斯文集：第2卷［M］．北京：人民出版社，2009．

［3］中共中央马克思恩格斯列宁斯大林著作编译局．马克思恩格斯文集：第3卷［M］．北京：人民出版社，2009．

［4］中共中央马克思恩格斯列宁斯大林著作编译局．马克思恩格斯文集：第7卷［M］．北京：人民出版社，2009．

［5］中共中央马克思恩格斯列宁斯大林著作编译局．马克思恩格斯文集：第9卷［M］．北京：人民出版社，2009．

［6］中共中央文献编辑委员会．毛泽东选集：1-4卷［M］．北京：人民出版社，1991．

［7］中共中央文献编辑委员会．邓小平文选：第3卷［M］．北京：人民出版社，1993．

［8］中共中央文献编辑委员会．江泽民文选：1-3卷［M］．北京：人民出版社，2006．

［9］中共中央文献编辑委员会．胡锦涛文选：2-3卷［M］．北京：人民出版社，2016．

［10］《十九大报告辅导读本》编写组．党的十九大报告辅导读本［M］．北京：人民出版社，2017．

［11］中共中央文献研究室．十八大以来重要文献选编（上册）［M］．北京：中央文献出版社，2014.

［12］中共中央文献研究室．十八大以来重要文献选编（中册）［M］．北京：中央文献出版社，2016.

［13］中共中央文献研究室．十八大以来重要文献选编（下册）［M］．北京：中央文献出版社，2018.

［14］习近平．习近平谈治国理政：第一卷［M］．北京：外文出版社，2014.

［15］习近平．习近平谈治国理政：第二卷［M］．北京：外文出版社，2017.

［16］中共中央文献研究室．习近平关于社会主义经济建设论述摘编［M］．北京：中央文献出版社，2017.

［17］关立新，王博，郑磊．马克思"世界历史"理论与经济全球化指向［M］．北京：中央编译出版社，2013.

［18］刘伟．共建"一带一路"：理念、实践与中国的贡献［M］．北京：商务印书馆，2017.

［19］王金磊．马克思的世界历史思想与中国特色社会主义理论创新［M］．北京：中国社会科学出版社，2013.

［20］何亚非．选择：中国与全球治理［M］．北京：中国人民大学出版社，2015.

［21］靳诺．全球治理的中国担当［M］．北京：中国人民大学出版社，2017.

［22］蔡拓．全球治理概论［M］．北京：北京大学出版社，2016.

［23］陈家刚．全球治理：概念与理论［M］．北京：中央编译出版社，2017.

［24］丰子义，杨学功. 马克思"世界历史"理论与全球化［M］. 北京：人民出版社，2002.

［25］郑必坚. 中流击水——经济全球化大潮与中国之命运［M］. 北京：外文出版社，2018.

［26］张森林. 经济全球化与世界社会主义价值的思考［M］. 北京：人民出版社，2011.

［27］庞中英. 全球化、反全球化与中国［M］. 上海：上海人民出版社，2002.

［28］张夏准. 资本主义的真相［M］. 孙建中，译. 北京：新华出版社，2011.

［29］萨米尔·阿明. 资本主义的危机［M］. 贾瑞坤，等，译. 北京：社会科学文献出版社，2003.

［30］萨米尔·阿明. 不平等的发展：论外围资本主义的社会形态［M］. 高铦，译. 北京：商务印书馆，1990.

［31］萨米尔·阿明. 全球化时代的资本主义——对当代社会的管理［M］. 丁开杰，等，译. 北京：中国人民大学出版社，2005.

［32］石云霞. 同心打造人类命运共同体［J］. 思想政治工作研究，2016（1）.

［33］曹文宏. 自由主义：实质、危害及消解——基于萨米尔·阿明自由主义批判理论的分析［J］. 国外社会科学，2018（2）.

［34］胡鞍钢，王蔚. 从"逆全球化"到"新全球化"：中国角色与世界作用［J］. 学术界，2017（3）.

［35］金碚. 论经济全球化3.0时代——兼论"一带一路"的互通观念［J］. 中国工业经济，2016（1）.

［36］刘国光. 当前经济危机中中国的表现与中国特色社会主义模式

的关系［J］. 高校理论战线，2009（5）.

［37］韩召颖，姜潭. 全球化背景下美国对外战略的转向［J］. 现代国际关系，2017（4）.

［38］韩召颖，姜潭. 西方国家"逆全球化"现象的一种解释［J］. 四川大学学报，2018（5）.

［39］曾向红. 全球化、逆全球化与恐怖主义新浪潮［J］. 外交评论，2017（3）.

［40］亚·弗·罗曼诺夫. 中国方案：对全球治理和经济发展的新态度［J］. 世界社会主义研究，2016（2）.

［41］黄仁伟. 从全球化、逆全球化到有选择的全球化［J］. 探索与争鸣，2017（3）.

［42］郭强. 逆全球化：资本主义最新动向研究［J］. 当代世界与社会主义，2013（4）.

［43］周穗明. 2016年西方民粹主义政治的新发展［J］. 当代世界，2017（2）.

［44］何自力. 中国方案开启经济全球化新阶段［J］. 红旗文稿，2017（3）.

［45］胡键. 中国参与全球治理的制约性因素分析［J］. 社会科学文摘，2016（2）.

［46］蔡拓. 全球治理的反思与展望［J］. 天津社会科学，2015（1）.

［47］杨雪冬. 马克思主义经典作家关于全球化的基本观点［J］. 马克思主义与现实，2006（5）.

［48］吴畏. 全球治理的理论困境［J］. 武汉大学学报，2016（5）.

［49］董琴．"逆全球化"及其新发展对国际经贸的影响与中国对策研究［J］．经济学家，2018（12）．

［50］董家栋，谢丹阳，包群，等．"逆全球化"与实体经济转型升级笔谈［J］．中国工业经济，2017（6）．

［51］栾文莲．对当前西方国家反全球化和逆全球化的分析批判［J］．马克思主义研究，2018（4）．

［52］舒展．《共产党宣言》中的经济全球化思想及其继承与发展［J］．马克思主义研究，2019（5）．

［53］郑一明，张超颖．从马克思主义视角看全球化、反全球化和逆全球化［J］．马克思主义与现实，2018（4）．

［54］徐艳玲，张琪如．新一轮"逆全球化"本质的多维反思［J］．毛泽东邓小平理论研究，2018（12）．

［55］杨多贵，周志田．霸权红利：美国不劳而获的源泉［J］．红旗文稿，2015（3）．

［56］舒展．唯物史观视域的"特朗普现象"及其时代［J］．南京理工大学学报，2017（5）．

［57］舒展．国际金融危机与"新帝国主义"的腐朽表现［J］．马克思主义研究，2009（2）．

［58］李慎明．世界社会主义跟踪研究报告（2016–2017）［M］．北京：社会科学文献出版社，2017．

［59］习近平．决胜全面建成小康社会夺取新时代中国特色社会主义伟大胜利［J］．北京：人民出版社，2018．

［60］刘子源．贸易保护主义害人害己［N］．人民日报，2017–02–26．

［61］理查德·沃尔夫．真正的改变离不开马克思主义［N］．人民日

报，2018-02-22.

［62］周宗敏. 人类命运共同体理念的形成、实践与时代价值［N］.
学习时报，2019-03-29.

［63］杜白羽. 凝聚多边共识，破解"四大赤字"［N］. 新华每日电
讯8版，2019-03-27.

［64］萨米尔·阿明. 中国发展道路的贡献［J］. 丁海，译. 国外理
论动态，2006（11）.

［65］赫尔德·麦克格鲁. 全球化与反全球化［M］. 陈志刚，译. 北
京：社会科学文献出版社，2004.

［66］Parag Khanna.Connectography：Mapping the Future of Global
Civilization［M］. Random House Publishing Group，2016.

［67］Samuel P.Huntington.The Clash of Civilizations and the Remaking of
World Order［M］. Touchstone Books，1998.

［68］Francis Fukuyama.The End of History and the Last Man［M］. Avon
Reprintedition，1993.

［69］Charles Kupchan.No One's World：The West，the Rising Rest，and
the Coming Global Turn［M］. Oxford University Press，2012.

［70］Harold，J. The End of Globalization：Lessons from the Great
Depression［M］. Harvard University Press，2001.

［71］Mckinsey Global Institute. PoorerThan Their Parents？ Flat or Falling
Incomes in Advanced Economies［R］. Mckinsey&Company，2016.

［72］［Hufbauer G. C.，and Zhiyao Lu.The Payoff to America from
Globalization：A Fresh Look with a Focus on Costs to Workers ［R］. Policy
Brief，Peterson Institute for International Economics，2017

［73］Feenstra，R.，H. Ma，and Y. Xu.The China Syndrome：Local

Labor Market Effects of Import Competition in the United States：Comment［R］.
UC Davis Working Paper，2017.

　　［74］McKinsey Global Institute.Globalization in Transition：the Future of
Trade and Value Chains. 2019-01.https：//www.mckinsey.com/featured-insights/
innovation-and-growth/.

　　［75］Seth.J.Frantzman，Seven years later：The Arab Spring′s messy
endings，The Jerusalem Post，Jan 15，2018 。

　　［76］李晓丹. 联合国贸发组织：2018年上半年全球FDI大幅下降
41%，美国税改影响尚未完全体现［R/OL］. 经济观察网，2018-10-18.
http：//www.eeo.com.cn/2018/1018/338997.shtml.

　　［77］中华商标协会. 美国商务部发布2016美国知识产权密集型产业
报告［R/OL］.http：//www.cta.org.cn/ppyj/llyj/201612/t20161207_46804.html.

　　［78］施蒂格利茨. 不平等加剧暴露西方深层问题［J/OL］. 参考
消息网，2019-03-25. http：//column.cankaoxiaoxi.com/2019/0325/2375433.
shtml.

　　［78］瑞士信贷银行/瑞信研究院/2017全球财富报告［R/OL］. https：
//www.credit-suisse.com/corporate/sc/press-release/2017-global-wealth-report.
html.